ビジネス数学の第一人者が教える

史上最高にわかりやすい説明術

深沢真太郎

はじめに

「史上最高にわかりやすい」

ある女子大生の言葉です。

私が、かつてある女子大学で、基礎数学の講義をしていたときのこと。彼女は、講義の内容でわからないところがあったようで終了後、個別に質問をしてきました。その際に私の説明を聞いて、思わず口から出た言葉が「史上最高にわかりやすい」でした。

おそらく、これはリップサービスではなかったと思います。私に気をつかう必要などまったくない状況でしたし、何より彼女はとても自然に、まるで「あ〜、お腹空いた」と、心の声を思わずもらしてしまったときのように、この言葉を発していたからです。

過分なお言葉に、心の中で「ありがとう」とつぶやいたことを記憶しています。

ビジネス数学教育家・深沢真太郎です。本書に興味を持ってくださり、ありがとうございます。企業の研修やビジネスセミナー、学生への講義、そして書籍などを通じ、ビジネス人として必要な数学教育を広めています。

ここで誤解が生じないよう、大切なメッセージをお伝えします。

本書のテーマは「説明」です。「数学」や「数学を教える技術」ではありません。人間が生きている限り必ず直面する、「説明」という行為の具体的な方法を提供します。ゆえに数式はもちろん、数学の話題などは、いっさい登場しませんのでご安心ください。

あえて自己紹介する理由

私は、登壇する講義や、このような書籍の冒頭であまり自己紹介をしません。自身のプロフィールよりも、その講義で学ぶべき内容のほうがずっと大事だからです。自己紹介などは最低限にとどめ、早々に本題に入る。これが私のスタイルです。

しかし、今回は少しだけ私のことをお話ししてからスタートすることにします。

なぜなら、本書は「なぜビジネス数学教育家である深沢真太郎さんが著者でなければならないのか」の問いについて、最初に答えることが極めて重要だからです。

私が数学に目覚めたのは中学生のときだったと記憶しています。明らかに、ほかの教科よりも面白いと感じて、自ら勝手に学習を進めることができた唯一の学問でした。

学生時代の数学は、はっきり答えが出ます。それはつまり、はっきりと「わかった」「できた」「解けた」という体験を提供してくれるものです。**「わかった」は気持ちのいい感情です。一般論として「わからない」は不快ですが、裏を返せば「わかった」は快感です。**あっという間にのめり込み、大学・大学院でも数学を学びました。

その過程で、学習塾の講師アルバイトを経験します。もちろん指導したのは数学。ここで私は、自分以外の誰かに「わかった」という瞬間を体験させることができることに、言いようのない喜びを感じました。自分自身が「わかった」も嬉しいけれど、自分が説明することで誰かが「わかった」となることも、またとても嬉しいなと。

大学院にて修士課程を修了し、予備校の講師という仕事を選びます。数学を説明するという行為を通じて、誰かに「わかった」という体験を、たくさんしてほしかったからです。その後キャリアチェンジをして、ごく普通の会社員を経験。新人から外資系企業の管理職まで経験させていただき、ビジネスパーソンとはどんな人たちか、何に悩み、何を欲し、どんな現実の中で生きているのかを目《ま》の当たりにしました。

私自身も、大きな挫折《ざせつ》を経験しました。楽しく好きなように仕事をしている人なんてほんの一部。ビジネスパーソンはみんな、苦しみながら、晴れない心を隠しながら生きています。そこで、私はこう思うようになります。

「ビジネスパーソンのことがわかっている数学教育者がいないのでは？」

私には「数学を説明する」という血液が流れています。さらに、生身のビジネスパーソンのことがわかっています。私がその役割を担えるのでは。そう思い、現在のビジネス数学教育家という立場で、人材開発や教育の活動をするようになりました。

本書の著者がどんな人物か、少し伝わったでしょうか。

「説明」って難しくないですか？

さて、本題に入りましょう。あらためて、本書のテーマは「説明」です。学生やビジネスパーソンなら、これまでの人生において何度もしてきた行為でしょう。

人生において何度もする行為ということは、当然ながら、その行為の質が人生にとてつもなく大きな影響を与えます。しかし、この「説明」という行為、実際にはとても難しいと感じたことはないでしょうか。

- 一生懸命に説明したつもりなのに、ちっとも伝わっていない
- 自分ではわかりやすく教えたつもりなのに、まったく理解されていない
- 説明したはずなのに、「あの件、ちゃんと説明して」と言われてしまう
- 話しながら、自分が何を言いたいのかわからなくなっている
- 資料に書いてあるんだから、説明しなくても読めばわかるでしょ？
- そもそも「説明」って、何をどうすればいいのかわからない

これらはすべて、あなたにとって「不快」なものです。そして、その説明を聞く相手にとっても「不快」です。伝わらないことは悲しいですが、一方であなたが説明していることを理解できない相手もまた悲しいからです。

誰もハッピーではない状況。私はこのような不幸が、この世から失くなったらいいのにと本気で思っています。なぜなら「わかった」が、人間にとって快感であること、幸福を運んでくることを細胞レベルで知っているからです。

Check

「わかりやすく説明できる数学講師」は何がすぐれているのか

そこで、あなたに提案です。

「わかりやすく説明できる数学講師」の説明術を盗みませんか。

もちろん、ここで重要なのは、なぜ「わかりやすく説明できる数学講師」なのかです。

まず「わかりやすく説明できる」は当然のことでしょう。わかりやすい説明ができない講師の説明技術なんて、はっきり言って価値はありません。

そこで重要になるのが、数学講師である必要性です。

①「講師」とは人に説明するプロである

説明の必要はないでしょう。とくにビジネス系の研修や講演は、参加者がお金を払っています。つまり、その研修や講演は「商品」です。プロのビジネス系講師は、これ以上ないほどシビアに評価される現場で、相手に「説明」という行為をしています。

②世界でもっとも「論理的な説明」がうまい

数学は、数と論理で構築されています。人間の気分や主観は、いっさい排除され、一点の矛盾もない状態で完成された学問です。

ゆえに、その数学を指導する人は当然ながら論理的に、一点の矛盾もない状態の説明が求められます。いわゆる「論理的な説明」をするプロなのです。

③難しいことをわかりやすく説明することに長《た》けている

一般的に数学は、苦手意識の強い人が多い学問です。

かつて学生時代、私の同級生が「数学ができなくなったので文系の大学に行く」と言っていました。あるいは別の友人は、高校までは数学が得意だったはずなのに、大学の数学科で「本物の数学」に出合った途端、数学が苦手になってしまいました。

これをざっくり「数学は理解するのが難しい」と表現するなら、優秀な数学講師は、難しいことをわかりやすく説明することに長けている人間ということになります。

もし、あなたがビジネスパーソンだとして、ちょっと理解することが難しそうな内容を、上司やお客様にわかりやすく説明できるようになれたら、嬉しいですよね。

④「苦手」「難しい」という印象を操作できる

先ほどの③にも通じますが、数学はどうしても「苦手」「難しい」という印象を持たれやすいテーマです。ゆえに、それを指導する側は講義をする際に知恵を絞ります。因数分解というテーマをどう説明しようか。微分や積分というテーマをどう説明しようか。

わかりにくい数学講師は、教科書に書かれた定義や公式を説明するだけでしょう。しかし、わかりやすい数学講師は、きっと教科書から離れた「独自の説明」をしているはずです。説明が上手な人は、印象を操作する工夫をしているのです。

⑤極めて抽象的なものを具体的に伝えることができる

数学という学問は、抽象の世界で展開されます。とても機械的であると言い換えてもいいかもしれません。

たとえば「X－Y＝6」なんて表記されても、これだけでは、いったいなんのことだかサッパリわかりませんよね。しかし、これがもし「山田さんと深沢さんの年齢差は6です」という表記であれば、人間はすぐにその意味を理解できます。

前者は人間との相性が悪いが、後者は人間との相性がいい。つまり数学講師は、とても人間との相性が悪い内容を説明することが仕事なのです。だから難しく、ゆえに工夫します。

どんな工夫をしているかは本編で解説します。きっとあなたのする「説明」にも活用できるはずです。

⑥少ない言葉で短く伝えることができる

数学の教科書には、いっさいムダなことは書かれていません。方程式の解き方を解説する文章に、余計な数式は1行もありません。証明問題の解説において「あ、ちなみにこれは余談ですが……」なんて脱線はあり得ません。

数学は、ムダを排除し、スタートからゴールまで最短距離で進むことが正義の学問なのです。

どうせ解くなら、できるだけ少ない時間、少ない計算で、簡潔に結論までを説明したい。そのような文化があります。ゆえに数学講師は「少ない言葉で短く伝える」が正義であり、それができる講師が優秀であるとなります。

では、どうすれば少ない言葉で短く伝えることができるのか。本編でしっかり説明をしていきます。

⑦「つまらない説明」と「面白い説明」の差がはっきりする

ここまでお読みいただければ、数学を指導する講師の仕事が、いかに難しいものであるかはご理解いただけたと思います。

難易度が高いということは、つまり「つまらない講師」と「面白い講師」の差がはっきりするということを意味します。それは「つまらない説明しかできない講師」と「面白い説明ができる講師」の違いでもあります。

あなたも「面白い説明」ができる人になりたいと思いませんか。

以上が、なぜ「わかりやすく説明できる数学講師」なのかの答えです。ご納得いただけるでしょうか。

圧倒的に「わかりやすい」と評価されてきた

私は、ビジネス数学を指導できる講師（公益財団法人日本数学検定協会認定ビジネス数学インストラクター）の育成にも従事しています。

プロとして講師をやってみたいと願う人たちを指導しており、その中でも説明するという行為について、品質を上げるような提案や指導をしています。

さらに、もうひとつお伝えしておくべき重要な事実として、**私自身が講師として登壇する講演や研修などの感想で、圧倒的に多い単語が「（とても）わかりやすかった」である**ことです。

数字で表現するなら、全参加者のおよそ80％以上は、このような感想を持ってくださいます。どうやら私の説明という行為は、相手に「わかる」を提供するという点において、何か秘訣があるようです。

その秘訣とは、私が学生時代から数学を指導する経験によって蓄積された「わかった」（つまり理解できた）を生み出す方法論であり、本書において、そのノウハウを体系立てて余すところなくお伝えするものです。

きっと本書は、あなたの人生に必要なものになるでしょう。

だから、私は強い言葉であなたに伝えます。

断言します。

「説明」は、必ずうまくできるようになります。

「説明」は必ずうまくできるようになる

ただし、それには条件が2つあります。

①実践すること
②「それは深沢さんだからできるんです」という考え方を捨てること

前者は、当然ですね。
あなたのゴールは「説明が上手にできるようになる」であって、「説明という行為を理解する」ではありません。怖いかもしれないけれど、最初はうまくいかないかもしれないけれど、やはり実際に自分でやってみないことには何も変わりません。

後者は、もっと大事なことです。

「それはあなただからできるんです」と思ってしまうようなメンタリティなら、最初から人の話など聞かないほうがいいのではないでしょうか。

さまざまな大手企業や、トップアスリートの教育研修の場に立った経験から断言しますが、この「それはあなただからできるんです」とおっしゃる人には、どんなにいい研修を提供しても成長することはありません。

できることなら、本書を読んでくださるあなたは「自分も同じようにやればできるようになる」と思ってほしいです。「そもそも説明するなんて自分にはムリ」なんて思わないでください。あきらめてはいけません。大丈夫です。

繰り返します。

「説明」は、必ずうまくできるようになります。

まずは、あなたが「自分も同じようにやればできるようになる」と思うことが大切です。そう思えたら、ぜひページをめくってみてください。一緒に、前に進みましょう。

第1章

「説明」を説明してみた

第2章

結果的に論理的な説明になっていた

第3章

「なんか、わかったかも」と思わせる

第4章

うまい人は、始め方が違う

第5章
説明するって、面白いかも

終章

あなたの説明は、やさしいですか

第1章

「説明」を説明してみた

そもそも「説明」って何をすること？

さっそくですが、「説明」って何をすることでしょうか。

あなたは、説明することが上手になるために、本書を読んでくださっています。

ゆえに、私とあなたとのあいだで、「説明」とは何をすることなのかが共有できていなければ、あなたの読書は成立しません。つまり、本書をお読みいただくうえでの大前提を確認したいのです。

少し調べてみると、このような解説を目にします。

「ある事柄の内容・理由・意義、物事の意味などを、よくわかるように述べること」

おそらく、あなたの認識もこのようなものではないでしょうか。私も、この解説が間違っているとは思いません。

ここで注目したいのは「よくわかるように」という表現です。これをシンプルに「理解する（わかる）」としましょう。そこで重要な問いです。

「理解」とは何でしょうか。

「説明」とは何か、の後は「理解」とは何か。

この著者は、いちいち面倒くさい奴だなと思われたかもしれません。

でも、私はこのような言葉の定義が、とても大事だと思っています。

なぜなら、人間は言葉をちゃんと理解せず、なんとなく曖昧《あいまい》な状態で使っていることが多いからです。

たとえば「効率的」とはどういう意味でしょうか。「生産性を上げる」とは具体的に何をどうすることなのでしょうか。「思いやり」とは具体的に何なのか、誰でもわかるように、きちんと説明できる人がどれほどいるでしょうか。

「理解」とは何か。再び調べてみたところ、このような解説を見つけました。

「内容、意味などがわかること」

その通りだと思います。

人は、その物事の内容や意味がわかっているから、それを説明できます。つまり、私が申し上げたいのは、「説明」という言葉と「理解」という言葉はとても仲良しであるということです。

そこで、このように整理しても差し支えないのではないでしょうか。

・理解した＝誰かに説明できる状態

「説明」できなければ「理解」できたことにならない

たとえば、私は本書を通じて、あなたに「説明」というテーマで数々の（まさに）説明をしていくことになります。

ならば私自身が「説明」という行為のことを、根本から理解していなければなりません。理解していなければ、説明などできるはずがないのです。

たとえば、メディアなどで、さまざまな物事を解説してくださる著名人がいます。少し前であれば、池上彰さんなどが（もちろんいまも）わかりやすい解説で有名です。近年では、実業家の「ひろゆき」こと西村博之さんなどが、さまざまなメディアで複雑でわかりにくいことを、一般の人にもわかるように解説してくださっています。

解説とは、説明にほかなりません。なぜ彼らは説明できるのでしょうか。その物事を理解しているからです。

一方、私の周囲に「自分では理解できたけれど、誰かに説明するとなると難しいですねぇ」とおっしゃる方がいます。

おっしゃることはわかります。しかし本書において、これは理解できたとは表現しません。

それを説明できないということは、じつは理解できていないのです。

ここまでの内容を整理します。

・説明＝「理解」を提供する行為
・理解＝誰かに説明できる状態

この2つから導かれる事実は何でしょうか。そうです。

・説明＝「誰かに説明できる状態」を提供する行為

つまり、あなたが山田さん（仮称）に何かを説明するということは、山田さんが佐藤さん（仮称）に、その内容を説明できる状態にさせることです。

そう考えることで、あなたにも説明という行為の本質が見えてきます。ただ資料に書かれた内容をしゃべればいいわけではないことも、ただアナウンサーのように滑らかにしゃべればいいわけではないことも。

Check

あなたの「説明」は誰もが理解できるものか

説明するという行為の本質として、いまから2つのキーワードで解説しましょう。

①「誰でも同じように」

あなたは理解しているが山田さんは理解できない、佐藤さんも理解できない、という状態はＮＧということになります。誰でも同じように理解できる内容でなければなりません。

②「口を使う」ではなく「頭を使う」

説明をコミュニケーションだと思っている方が少なくありません。しかし、実際は違います。自らそれを理解していなければ、説明はできないのですから、とても頭を使う行為です。「説明」はコミュニケーションではありません。思考なのです。

この2つのキーワードをまとめて、本書における「説明」の定義をこのようにします。

【「説明」の定義】

頭を使って「誰でも同じように理解できる内容」を作り、それを伝えること。

実際に伝えるときには「説明」という行為は99％終わっている。


私は、この「誰でも同じように」をとても大切にしています。

自己紹介でお伝えしたように、私は講師としての活動がメインですが、その活動は多数の人に向けて理解を提供することが求められます。

学生への授業。ビジネスパーソンへの研修。経営者が集う講演会。場の違いこそあれ、それらはすべて多くの人が同じように理解できることを目的に存在します。ですから、**この「誰でも同じように」は、プロの講師にとって極めて重要な視点**です。

加えて、「説明」はコミュニケーションではないという主張は、本書において極めて重要な意味を持ちます。

説明するという行為の中心は、考えることにあります。

できることならあなたにも、そのことに納得してから先を読み進めていただきたいので、この点について、次項でもう少しだけ言葉を費《つい》やすことにします。

「説明」はコミュニケーションではない

私の実体験を、１つご紹介します。

ある企業と一緒に、重要なプロジェクトを進めることになりました。私への対応をしてくださる男性の担当者と、さっそくメールでのやり取りがスタートします。

ところが、この男性の文章が、じつに読みにくい。たいへん失礼ながら、情報が整理されておらず、改行もされておらず、まるでカフェや居酒屋での雑談を、そのまま文章にして書きつづったような表現です。

誤字脱字も数か所あり、なんとも言えない「イヤな予感」が私の心を包みました。

ただ、重要なのは、そのプロジェクトがちゃんと進み、いい結果を生み出すことです。細かいことは気にしないことにしました。

しかし、実際にこの男性とお会いしたところ、どうにも彼の説明が要領を得ません。

正直に申し上げれば、「ちょっと何を言っているかわからない」といった感想を持ってしまいました。

失礼ながら、このプロジェクトに対する理解も浅く（本当に失礼ではありますが）、ちゃんと考えて仕事をしていない、ちゃんと考えて発言していない人だと、すぐにわかりました。最終的に、そのプロジェクトは、私から進行をお断りする結末となります。

この事例でお伝えしたいのは、彼はコミュニケーションに問題があるのではなく、そもそも考えるという行為が上手にできていないのだということです。

彼からのメールが読みにくかったのは、文章術がないからではありません。その伝えるという行為の前に、頭を使っていないからです。

また、彼の説明が要領を得ないのは、滑舌《かつぜつ》が悪いからでも人見知りだからでもありません。説明という行為の前に、頭を使っていないからです。

「説明」とはコミュニケーションではない。

まずはこの点を、あなたにどうしても納得していただきたい。そう思っています。

そうでなければ、あなたはこれから先ずっと、「魔法のような言い回し」みたいな小手先の「口を使うテクニック」ばかり求めようとしてしまいます。断言します。そのようなものをいくら学習しても効果はありません。

ボウリングはセンターピンを外してしまうと、すべてのピンが倒れることは１００％ありません。同じように、**説明という行為においても、センターピンを外していくら試行錯誤しても、決して上手になることはない**のです。

では、いよいよ具体的な話に進みましょう。約束した通り、センターピンさえわかっていれば、説明は必ずうまくなります。このままページをめくってみてください。

「ちょっと何を言っているかわからない」のメカニズム

あらためて、本書における「説明」の定義を確認します。

【「説明」の定義】
頭を使って「誰でも同じように理解できる内容」を作り、それを伝えること。
実際に伝えるときには「説明」という行為は99％終わっている。

では、どうすれば「誰でも同じように理解できる内容」は作れるのでしょう。とても難しいことのように思うかもしれませんが、ポイントさえつかめば大丈夫です。

そのポイントは、たった3つしかありません。ご理解いただくために、いまから「逆のこと」を考えてみたいと思います。

Q．逆に「理解できない」が生じる条件は？

あなたが、これまでの人生で「わからない」が生じた機会を思い出してください。先ほどの私の経験談のように、「ちょっと何を言っているかわからない」と率直に思った出来事です。

なぜ、それは「ちょっと何を言っているかわからない」だったのでしょうか。

じつは、人間に「ちょっと何を言っているかわからない」と思わせる原因となるものが3つあります。

あくまでも私の整理です。

①論理的でないとき
②ピンとこないとき
③知らない言葉があるとき

重要なポイントなので丁寧に説明します。

①論理的でないとき

論理的であるとはどういうことかは、次の章でたっぷり解説しますが、一言でいうと「つながっている」ということだと覚えておいてください。

つまり、論理的でないとは「つながっていない」となります。

たとえば「お腹が空いた。牛丼食べに行かない？」という文章は、「お腹が空いた」と「牛丼食べに行かない」という2つの塊に分かれています。

この2つをAとBと表記するなら、先ほどの文章は「A→B」と矢印でつなげて表現ができます。

ところが「お腹が空いた。花柄のワンピース着たい」という文章は、同じように2つの塊をAとBとしたとき、この2つを矢印でつなぐことができません。

このように、矢印でつなぐことができない話を聞いたとき、人は「ちょっと何を言っているかわからない」となります。

「お腹が空いた。牛丼食べに行かない？」（A→B）
→言っていることがわかる

「お腹が空いた。花柄のワンピース着たい」（A？B）
→ちょっと何を言っているのかわからない

②ピンとこないとき

あなたも、誰かの説明を聞いたときに「いまの話、ピンとこないなぁ」と感じたことが何度もあるでしょう。

たとえば、本書のここまでの内容を事例にあげましょう。

私はあなたに対して、「説明」はコミュニケーションではなく考えることである、という主張をしました。

この一文を読んで、すぐにピンときた人もいれば、「ピンとこないなぁ」と思った人もいるはずです。後者の人はまだ理解できていない状態といえます。

だから私は、あるプロジェクトを自ら降りた経験を例として使い、さらにボウリングのセンターピンというたとえ話を使って説明を続けました。

人間は、相手の伝える内容が論理的に正しくても、「ピンとこない」状態が生まれると理解までたどり着きません。 まさに「ちょっと何を言っているかわからない」となります。

その状態を解消するために用意するものが2つあります。

・例（Example）を用意する
・比喩（Metaphor）を用意する

説明上手な人は例外なく、この例と比喩の使い方が上手です。これについても、後ほどたっぷり解説することにいたします。

【主張】
「説明」という行為の中心は考えることにある
↓「うーん、ちょっと何を言っているのかわからない」
・例（Example）を用意する
読みにくいメールを送ってきたビジネスパーソンの話
↓「あるある、そういうことが言いたいのね」

・比喩（Metaphor）を用意する
ボウリングのセンターピンについての話
↓「なるほど、まあ言う通りだな。主張はよく理解できた」

③知らない言葉があるとき

これについては解説する必要はないでしょう。知らない言葉が登場するだけで、「ちょっと何を言っているかわからない」となってしまうことは、誰もが実感されているのではないでしょうか。

「当社は今年から経営戦略における7Sを重要視し、かつコア・コンピタンスを明確にしながらレピュテーション・マネジメントの質を向上させ、いまこそDX企業に変貌《へんぼう》をとげます！」

ちょっと何を言っているかわかりません。

うまく説明するための3つの条件

あえて逆のことを考えることで、3つのポイントをお伝えしました。

①論理的でないとき
②ピンとこないとき
③知らない言葉があるとき

「ちょっと何を言っているかわからない」が生じるのは、この3つのいずれかに当てはまるときです。ということは、逆に「わかる」を提供するためには、次の3つを兼ね備えていればいいということになります。

①論理的であること
②相手が感覚的にとらえられること

③相手の知っている言葉で語ること

どれか1つでも満たせばいいのではありません。3つを兼ね備えていることが必要です。

信じていただくために、ここで1つエクササイズをご用意します。どうか面倒くさいと思わず、遊び感覚でいいのでおつき合いください。

【エクササイズ】
「プライオリティ（優先順位）を明らかにする」を中学生に説明してください。

さて、あなたはどのように説明しますか。

説明とは頭を使って「誰でも同じように理解できる内容」を作ることです。「誰でも」ですから、もちろん中学生でも理解できなければなりません。さっそくですが、私もやってみることにします。

まず相手の知っている言葉で語ることを意識します。

中学生は、おそらくプライオリティなんて言葉は知りません。ですから、そもそもこの言葉は説明で使いません。優先順位という言葉を選び説明することにします。

続いて論理的であることを意識します。

論理的とは矢印でつながっていることでした。そこで、このような構成にしてみることにします。

優先順位を明らかにするとはどういうことか

⬅（まず）

「優先順位」という言葉は「優先」と「順位」に分解できる

⬅（つまり）

優先度の高いものから1、2、3…と順位づけすること

⬅（たとえば）

※ここに何かしら例を用意する※

最後に、相手が感覚的にとらえられることを例として用意します。

たとえば、目の前に温かいスープと常温のサラダがあるとします。あなたはどちらを優先的に食べ進めようと思うでしょうか。

私も含め、おそらく多くの方が温かいスープと答えるでしょう。なぜなら、温かいうちにいただいたほうがおいしいからです。常温のサラダは、あわてて食べなくても同じ味を楽しめるでしょう。

1、温かいスープ
2、常温のサラダ

優先度の高いものから順位づけすることができました。

この例を、先ほどの説明の最後に当てはめた場合、私の考えた内容は次のようなものになります。

「優先順位を明らかにする」とはどういうことかを説明します。

まず「優先順位」という言葉は「優先」と「順位」に分解できます。つまり優先度の高いものから1、2、3……と順位づけすることなのです。

たとえば、目の前に温かいスープと常温のサラダがあったら、温かいスープを優先的に食べようとしますよね。これはつまり、温かいスープを「1」とし、常温のサラダを「2」としていることであり、これが「優先順位を明らかにする」ということです。

ここで重要なのは、おそらくこの内容であれば、説明を聞いた中学生Aは友人Bに同じように説明することができ、そのBも友人Cに同じように説明できるだろうということです。

つまり、誰でも同じように理解できるということが重要なのです。

同じであるとは、一字一句まったく同じという意味ではありません。スープとサラダが、肉まんとクッキーでも構いません。

もちろん、この説明が絶対の正解ではありません。ぜひ、あなたなりの説明を考えてみてください。

なぜ「中学生でもわかるように」なのか

先ほどのエクササイズにおいて、私は「中学生に説明してください」としました。

その理由は、もちろん「誰でも同じように理解できる内容」でなければならないからです。

ご存じのように、我が国の義務教育は中学校までです。ということは、中学校を卒業すれば、そのまま社会に出る人もいるということになります。

中学校までに学んだ知識や言語だけで説明できれば、それは必然的に社会にいるすべての人が同じように理解できる内容ということになります。

実際、私自身も、ビジネス系の研修や大学生への講義において、中学生に向けて伝えることをイメージして説明をしています。

それはたとえ、経営者向けの講演でも同じです。

「本当ですか？」と疑うかもしれませんが、一度でも私の現場での説明の仕方を体験していただいた方は必ず納得してくださいます。

事実、先ほどのエクササイズにおいても、私は例として温かいスープと常温のサラダを用意しましたが、スープとサラダは間違いなく中学生でも知っています。

できる限り中学生でも知っている言葉で説明する。私の身体に染みついている感覚と言っていいでしょう。

私は、いつどんなときでも、中学生に向けて説明をしています。もちろん本書の原稿も、中学生ならギリギリ理解できる内容を目指して書いています。

中学生でもギリギリわかる
⬅
高校生でもわかる
⬅
大学生ならわかる
⬅
大人なら簡単にわかる

⬅ みんな同じようにわかる

いかがでしょう。みんな同じようにわかる。これって素晴らしいことだとは思いませんか。だから私は、いつどんなときでも、中学生に向けて説明をしているのです。

すでにお伝えしたように、私の説明は、これまで圧倒的に「わかりやすい」と評価されてきました。その要因は間違いなく、この「中学生に向けて説明する」という考え方にあります。

まずはあなたにも、この考え方を持ってほしい。そう思います。**考え方さえ同じなら、あとは真似るだけで必ず上達できます。**

「子ども向けの説明は失礼では？」の誤解を解く

余談ですが、以前ある企業で「説明の仕方」についてセミナーをすることがありました。そのセミナーの参加者の中に、このような質問をしてくださった方がいました。

「中学生に向けて説明するということは、いわば子どもに向けて説明するということですよね。かなり目線を下げて、やさしく説明をしなければならないと思うのですが、そんな説明をしたら、大人はバカにされていると思わないでしょうか？」

おっしゃることはとてもよくわかります。あなたは、このご意見についてどのように思いますか。ちなみに、私はこのように答えています。

「よくわかります。でも、それでもやはり中学生に向けて説明するつもりでやってみてください。**一般論ですが、わからない説明をされて怒る人はいますが、わかる説明をされて怒る人はいません。**要は相手がわかることが大事ですから。これが理由のほとんどを占めます。でもそれだけではありません。じつは……」

じつは中学生に向けて説明するという姿勢は、あなたにある副産物を生み出します。

それはいったいどんなことだと思いますか。ヒントは「姿勢」という言葉です。

話し方が丁寧であること　～残り1％の正体～

本書における「説明」の定義を思い出してください。

頭を使って「誰でも同じように理解できる内容」を作り、それを伝えること。
実際に伝えるときには「説明」という行為は99％終わっている。

説明とは、コミュニケーションではない。だから、頭を使う行為が99％である。そう理解しました。

あなたは、きっと疑問に思うはずです。

残り1％の話はどこへ行ったのだろうか、と。

ここでお話しすることが、まさにこの残り1％の話です。

頭を使うことが99％ではありますが、さすがに口を使って話すことなく、説明という行為は成立しません。たとえ1％でも口を使ってする仕事がある以上、その点において最重要なものも知っておく必要があります。

結論から伝えます。**最重要なのは、話し方が丁寧であるかどうかです。**

「え、そんなこと？」と拍子抜けしたかもしれません。しかし、断言します。

おそらく、あなたが思っている以上に、説明するという行為において、話し方が丁寧であることは重要です。

その理由を3つのポイントにして伝えます。

①「姿勢」がはっきりわかるから

たとえば、あなたに対して、とても雑な話し方で説明をする人物がいたとします。「配慮」「気づかい」「やさしさ」「誠意」といった言葉と相反する話し方です。

その人物は、なぜ、あなたに対して、とても雑な話し方をするのでしょうか。

答えは、「あなたを大切にしていないから」です。

人が人に説明するということは、その相手の時間を使うことになります。時間を奪うという表現でも差し支えないでしょう。

いうまでもなく、時間は命です。そのような場面で雑な行為をするということは、シンプルに相手のことを雑に扱っている、相手のことを大切に思っていない証拠です。

そして人間は、そのような相手の姿勢を、見事に感じ取るものです。

②「気に入らない人」の説明は正しくても理解したくない

さらに、人間は感情の生き物です。

自分のことを大切にしてくれない人の話など聞きたくない。それがどれだけ正しい内容でも、どれだけ理解を求められるものでも、**その姿勢が好ましくない相手の説明はそもそも理解したくない。そう思うのが人間**ではないでしょうか。

好かれる話し方である必要はありませんが、気に入らない話し方と思われるのは致命的なのです。

③時代が変わった

私がまだ20代だった20年前に比べて、さまざまな場でおこなわれる説明が丁寧になったなと感じます。

たとえば、電車のアナウンス。ひと昔前は、停車駅などのアナウンスも、聞き取りにくいおじさんの声で、とても雑にされていた記憶があります（はっきり言って、何を言っているかわからないときもありました）。

しかし、いまはどうでしょう。

とてもハキハキと、わかりやすい言葉と声で、丁寧に、おもてなしの精神を感じるようなアナウンスしか聞きません。夜遅くに電車に乗れば「この先もお気をつけてお帰りください」といったアナウンスもあります。とても丁寧ですよね。

そのほか、私たちのさまざまな生活シーンにおいても、丁寧な説明が求められるようになりました。誠意のない雑な扱いをすると、すぐに批判が生まれ、中傷の的になることもあります。

つまり、**世の中は「丁寧な説明」が常識になってしまった**のです。説明の仕方が丁寧でないということは、それだけでNGとなってしまいます。

以上が、丁寧であることが重要な理由です。

では、どうすればあなたの話し方は丁寧になるでしょう。

そう、**中学生に向けて説明するという姿勢が、あなたの話し方を丁寧にする**のです。

たとえば、ある物事を普通の大人に説明するときと、子どもや老人に説明するときでは、あなたの姿勢はきっと違うはずです。

前者は「普通」に説明しますが、後者は「できるだけわかりやすく説明しよう」「ゆっくり話そう」「丁寧に説明しよう」と思うのではないでしょうか。その感覚と同じと思っていただければ結構です。

話し方が丁寧であること。それは説明するという行為のうち、たった1％のものでしかありません。

しかし、99％はＯＫなのに、その1％がＮＧであったためにうまくいかないとするなら、これほどもったいないことはありません。

・丁寧に話す＝中学生でもわかるように話す

それが身につくための方法を次項で説明します。

Check

どうすれば丁寧に話せるようになるか

丁寧に話してください。中学生でもわかるように話してください。

私のこの提案に対し、ある方から次のご質問をいただいたことがあります。

「おっしゃることはとてもよく理解できます。でもなんというか……どうすれば丁寧になるのか、どうすれば中学生でもわかるような話し方になるのか、イマイチ具体的にわからない印象がぬぐえません」

おっしゃる通りです。

あなたも、同じような感覚を持っていらっしゃるかもしれません。

そこで私から、具体的な方法を1つ提案することにいたします。その方法とは、一言でいうと「真似をする」です。

タイトルをつけるなら、「ある人物の話し方を真似することが上達の最短距離」となります。具体的にポイントを3つに絞り、1分もあれば読める分量で説明します。

①細かい技術論は無視

仮に「丁寧に話すためのテクニック」なるものがあったとしても、それは無視して結構です。なぜなら、私自身がそのようなものを、いっさい知らずに実践できているからです。

②理想の話し方をする具体的な人物を探す

テクニックを探すのではなく、あなたのイメージする丁寧な話し方をしている具体的な人物を探してください。著名人でも、職場にいる先輩でも、どなたでも結構です。

③その人物の話し方を徹底的に真似る

お手本を決めたら、とにかくその人の話し方を徹底的に真似てください。もし、その人が池上さんとおっしゃるなら、「池上さんっぽく話す」ことを目指してください。スピードや抑揚、間を取るなどといった一般的なスピーチの技術論はいりません。「池上さんっぽく話す」ことが実現できれば、あなたは理想の話し方に近づき、かつそれは丁寧で中学生でもわかる話し方になっています。

以上が3つのポイントです。

たとえば、いわゆるモノマネを想像してください。たとえば、あなたが男性で、1週間後に安倍晋三元総理のモノマネを披露しなければならないとします。あなたが女性なら、1週間後に小池百合子東京都知事のモノマネを披露しなければならないとします。

さて、あなたは1週間、どのようにして準備をなさいますか。

おそらくテレビや動画などで、その対象を徹底的に観察し、安倍さんっぽく（小池さんっぽく）話す練習をするでしょう。これはつまり、**理屈で理解しようとせず、視覚や聴覚で得た情報を、シンプルに真似たほうが近づけるということ**です。

では、実際にやってみましょう。今後、あなたが何かを説明する際の話し方に直結します。遊び感覚で構わないので、ぜひトライしてみてください。

【エクササイズ】

STEP1　「丁寧な話し方」（中学生でもわかるような話し方）のお手本となる人物を決めてください。複数人でも構いません。
STEP2　具体的な人物をあげることができたら、その人の話し方を映像や音声で徹底的に観て（聴いて）ください。
STEP3　誰もいない空間で、その人物のモノマネを継続してやってください。

もちろん、私にもお手本がいます。あくまで、公の場での説明する行為における話し方のお手本です。おそらく、ご迷惑になることはないと思いますので、具体的なお名前をあげておきます。

・小泉進次郎氏（政治家）
・藤井貴彦氏（日本テレビアナウンサー）

小泉さんの公の場でのスピーチは（内容についてではなくあくまで話し方という観点で）とても質が高いと思います。少ない言葉で、子どもやお年寄りにも伝わるように話します。

藤井さんは日本テレビ「news every.」のメインキャスター。誠実かつ丁寧な語り口がとても魅力的です。

私も公の場では「小泉さんっぽく」「藤井さんっぽく」話すことを心がけています。

結果「丁寧な説明でわかりやすかったです」というフィードバックをもらえるようになりました。

あなたは、誰をお手本にしますか？　残り1％の話はここまでにしましょう。

あなたも「説明」を説明してみよう

そろそろ本章をまとめましょう。

【「説明」の定義】

頭を使って「誰でも同じように理解できる内容」を作り、それを伝えること。

実際に伝えるときには「説明」という行為は99％終わっている。

【うまく説明するための3つの条件】
①論理的であること
②相手が感覚的にとらえられること
③相手の知っている言葉で語ること

【さらにうまく説明するためのワンポイント】
・中学生でもわかるという価値観

まず、「説明」はコミュニケーションではありません。

いかにうまくしゃべるか、うまく伝えるかといった「口だけの仕事」と思っていた方がいたら、その考え方を根本から変えてください。**根本から変えるということは、説明するという行為の質が劇的に変わることを意味します。**

次に、3つの条件を兼ね備えなければなりません。

難易度が高いように感じるかもしれませんが、逆に言えば、この3つさえ満たせばいいということでもあります。

50個もの条件を満たさなければならないとなると、最初からできる気がしません。しかし、3つであれば、チャレンジしてみようと思えるのではないでしょうか。

この3つのうち「相手の知っている言葉で語ること」は、あなたの心がけ次第であり、誰でもすぐに実践できるでしょう。

しかし「論理的であること」と「相手が感覚的にとらえられること」については、すぐに実践が難しいかもしれません。もう少し具体的な解説と方法論の提案が必要と思います。

そこで本書は第2章で「論理的であること」について、第3章で「相手が感覚的にとらえられること」について、深掘りしていくことにします。

最後に、中学生でもわかる説明を目指しましょう。

ここで大事なのは、実際に中学生がわかるかどうかではなく、それを目指すことにあります。なぜなら、あなたが実際に、中学生に物事を説明する機会はおそらく少ないからです。

一般論ですが、優秀な人は難しいことをわかりやすく説明できるものです。優秀でない人ほど、難しいことを難しいまま説明し（つまり頭を使わない）、それを理解できない人をバカにします。

できることなら、あなたは前者であってほしいと願います。

本章の内容は、著者なりに「説明」を説明してみた結果です。

もし「なるほど」や「わかった」を実感できるようでしたら、この内容を参考にして、周囲のどなたかに「説明」を説明してみてください。

その相手があなたと同じように「なるほど」や「わかった」と反応してくださるのなら、あなたはちゃんと「説明」を説明できた、つまり「説明」というものを完璧に理解できたということになります。

ただし、私の説明が絶対の正解ではありません。

私の説明を真似せず、ぜひあなたも自分なりの論法で、本章での最後のエクササイズに取り組んでみてはいかがでしょう。

あなたは、これから説明という行為が飛躍的にうまくなります。その第一歩となるテーマとしては、悪くないのではないでしょうか。

ぜひ楽しみながらやってみてください。


【エクササイズ】

「説明」とは何か、中学生にわかるように説明してください。


ところで、私は本章を通じて、まさに説明するという行為をしました。さらに、第2章以降で、あなたに説明するという行為の上達法を提案しようとしています。

つまり、私がこの先あなたに提案することは、じつはここまですでに私自身が実践していたということになります。

私は本章で、いったい何をしていたのか。

第2章以降で、種明かしをしていくことになります。

引き続き、このままページをめくってみてください。

第2章

結果的に論理的な説明になっていた

論理的＝塊＋矢印

あなたは、こんな経験をしたことはありませんか。

一生懸命に説明したのに、その相手から「何を言っているのかわからない」「要するに何が言いたいんだ？」「きみの話にはロジックがないね」と言われる。悔しいですよね。

いまから、その経験を直感的な「絵」で表現してみることにします。

その相手は、あなたの説明を、絵１の左のように受け取っています。整理されず散らばっていて、複数の情報をやみくもに伝えられたような感覚です。

しかし、もしその相手が、あなたの説明を右のように受け取ってくれたら、どうなるでしょう。おそらく「ああ、わかった」と言ってくれるのではないでしょうか。

そもそも純粋に、絵として比較しても、右側のほうが「わかりやすい」「なんとなくメッセージがわかる」という感想を抱くのではないでしょうか。

では、ここで問いです。絵１の左と右の絵は、いったい何が違うのでしょうか。

あなたが二度と悔しい思いをしないために、まずはその違いを理解するところからスタートしましょう。

本章では、論理的な説明ができるようになるための手法を提案いたします。

論理的な説明とは、筋道が通った説明のことを指します。そして筋道が通っているとは、つながっていることを指します。

具体例を1つあげましょう。

「就活がうまくいくためには、エントリーシートがしっかり書けることが重要である」

この一文を読んで、「ちょっと何を言っているかわからない」と感じる人はいないでしょう。なぜ

◉絵1

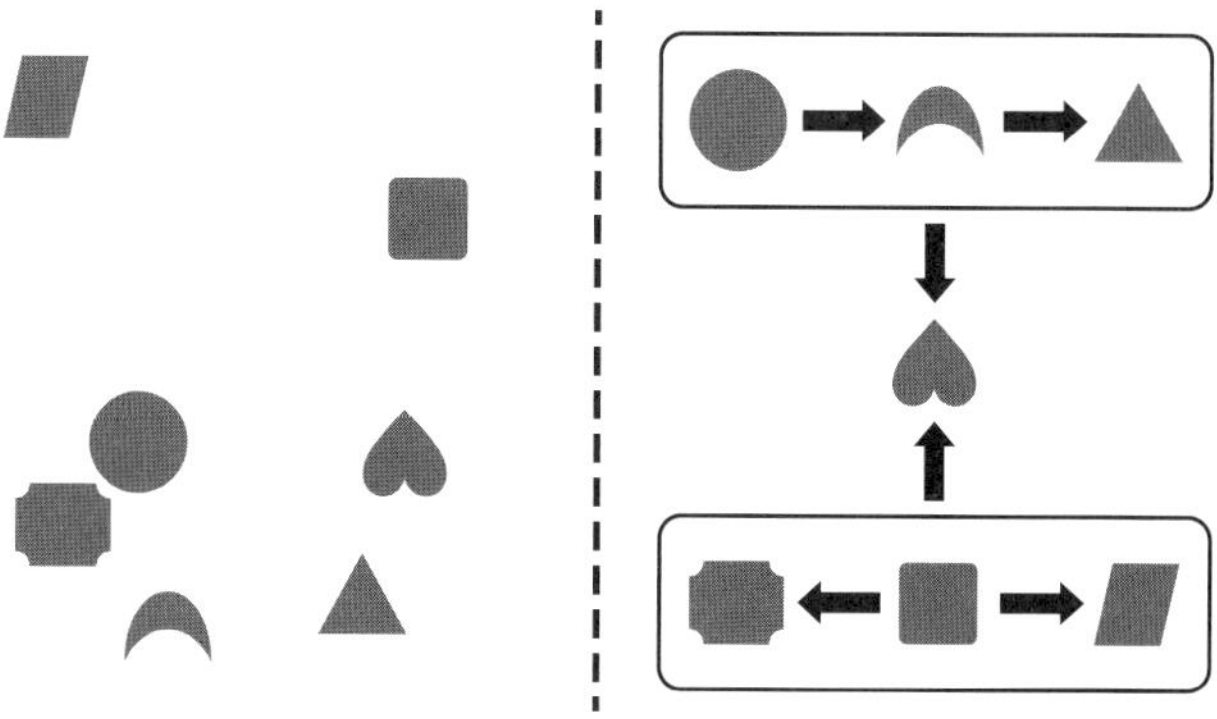

なら、この一文には「つながり」が存在するからです。

就活がうまくいく

⬅（そのためには）

面接試験に通らないといけない

⬅（そのためには）

まずエントリーシートの内容で評価されなければならない

⬅（だから）

エントリーシートがしっかり書けることが重要である

いま私は、4つの表現を3つの矢印でつなげる行為をしました。

ご覧の通り「就活がうまくいく」と「エントリーシートがしっかり書けることが重要である」が矢印でつながっています。

矢印でつながっているとき、人は「わかる」を体験できます。

だから、**あなたも相手に何かを説明して理解してもらいたければ、その内容は必ず複数**

のものが矢印でつながっている必要があるのです

そもそも矢印とは、人を案内する機能があります。

たとえば、道路の標識や看板。左の写真のように矢印が使われています。あるいは、ハイキングなどで山道に入ったとき、交差路があったら、きっと「山頂はこちら→」といった案内があるはずです。

いずれの例も「道」の話であり、道のあるところには必ず矢印があります。そして、筋道が通っているとは、道が通っていることです。だから筋道が通った説明には、必ず矢印が使われています。

（たとえば、この直前の7行ほどの文章も、おそらく論理的なのだと思います。ぜひ、矢印でつなげて表現してみてください。）

もしも、あなたがこれまで誰かに「何を言っているのかわからない」「要するに何が言いたいんだ？」「きみの話にはロジックがないね」と言われて、悔しい思いをした経験があるなら、今後はぜひ説明するという行為に、矢印を使う発想を持ってみてください。

「論理的な説明をしなければならない」と思うのではなく、「いくつかの塊を、矢印を使ってつなげるだけでいいんだ」と思うのです。

塊と矢印。

これが本章のすべてといっても過言ではありません。

あらためて、66ページで私があなたにした問いを思い出してください。67ページの左の絵と右の絵は、いったい何が違ったでしょうか。

言うまでもなく、塊と矢印の存在です。

就活のエントリーシートという事例においても、４つの塊と３つの矢印で論理的な説明ができるとしました。

論理的な説明は、塊と矢印で成り立っている。

このことが納得できると、あなたのする説明は劇的にわかりやすいものになります。

「論理的にしなきゃ」ではなく「結果的に論理的ならいい」

もうひとつ、重要な考え方をシェアします。


「論理的であること」を実現するために、「論理的にしなきゃ」と思わない。

「論理的にしなきゃ」ではなく「結果的に論理的ならいい」と考える。

どういうことか説明します。

あなたは「手段の目的化」という言葉を聞いたことがあるでしょうか。文字通り、本来は手段であることが、いつの間にか目的に替わってしまうことです。

たとえば、ビジネスパーソンがおこなう会議。本来であれば会議とは、意思決定や情報共有するためにおこなわれます。

意思決定や情報共有が目的であり、会議は手段です。ところが現実は、この会議を開催すること自体が目的になってしまうこともあります。

とりあえず「会議をしなきゃ」と集まって会議をする。会議をしたことで、仕事をした感覚になってしまう。「会議のコツ」なんて、本質的でないノウハウばかり求めるようになってしまう。ビジネスパーソンが、つい陥ることではないでしょうか。

いくらそこに時間を使って努力をしても、ほしい結果は得られない典型といえます。

手段の目的化とは、間違った努力をすることなのです。

これと同じ構造の話が、「論理的にしなきゃ」ではなく「結果的に論理的ならいい」と考えるということです。

【Good】
目的……意思決定や情報共有する
手段……そのために会議をする
【Bad】
目的……会議をする（会議しなきゃ！）
手段……とにかく「やった感」が残る会議ができるコツ

【Good】
目的……理解してもらう
手段……そのために論理的な内容にする
【Bad】
目的……論理的な内容にする（論理的にしなきゃ！）
手段……とにかく論理的な内容にできればいいので、それが実現できるコツ

「論理的」は目的ではなく、あくまで手段です。

だから、あなたは「論理的であること」を目指す必要はありません。次項でご紹介する手法を実践し、「結果的に論理的ならいい」と考えればいいのです。

私は学生時代からこれまで、数学を指導する経験をたくさん積んできました。

ご存じのように数学は、数と論理で構成されている学問です。ゆえに、数学の解説は徹底的に論理的でなければなりません。

しかし、そんな数学の指導というテーマにおいても、私は「論理的な説明をしなきゃ」と思ったことは、ただの1度もありません。

どう説明すればわかりやすいのかを徹底的に考え抜いて実践し、それが「結果的に論理的だった」のです。

いま私は、問題解決を目的とした思考法、相手を説得することを目的とした論理的なコミュニケーション術の研修を企業に提供しています。

もちろん、これらは、いわゆる論理的思考やロジカルコミュニケーションを学習してもらうためのものです。

しかし、**あくまで目的は、問題解決や相手の説得であり、それが実現できるならその手法は何でもいい**わけです。

つまり、私の研修プログラムは「結果的に論理的な思考やコミュニケーションの提案になっている」のです。

本章の冒頭で、私はあなたにこのような言葉を伝えました。

あなたは、こんな経験をしたことはありませんか。
一生懸命に説明したのに、その相手から「何を言っているのかわからない」「要するに何が言いたいんだ？」「きみの話にはロジックがないね」と言われる。悔しいですよね。

このような経験をした人ほど、つい「論理的」を目的にしてしまいます。私はあなたに間違った努力をしてほしくありません。

次項から、いよいよ具体的な手法の提案をします。

どんな説明も必ず「4ステップ」で作れる

仮に、あなたが私の研修に参加し、その場で次のようなエクササイズの提案があったとします。

【エクササイズ】
次のテーマについて、私に説明していただけますか。説明に関する条件や制限は、とくにありません。自由です。
〈テーマ〉あなたが勤務している会社のこと。もし学生さんであれば、あなたが通っている学校のこと。

勤務する会社。通っている学校。当然ですが、あなたはよくご存じでしょう。「知らないので説明できません」という回答は、おそらく存在しないはずです。ページをめくる手を止めて、ぜひ考えてみてほしいと思います。

もし、説明の内容が完成したら、ぜひそれをしゃべってみてください。できれば丁寧に、中学生に伝えるイメージで。

そこまで実践していただいたら、67ページに描かれた絵を、もう一度ご覧になってみてください。左の絵と右の絵。あなたがいま実際にしゃべったその説明は、相手(つまり私)にとってどちらの印象で伝わっていると想像しますか。

「間違いなく右の絵です！」と、自信を持って答えられる方は素晴らしいと思います。しかし、自信を持ってそう答えられない方は、ここからの内容が極めて重要になります。いまから４つのステップを提案しますので、よろしければこの通りに考えてみてください。

STEP1　その説明内容にタイトルをつけてください

おそらくは「○○○株式会社の魅力」「△△△大学が人気大学ランキングNo.１である理由」といったものになるでしょうか。

⬅

STEP2　その説明内容を最大3つの塊に分けてください

4つ以上はダメです。最大3つでお願いします。必ず3つまでにしてください。

⬅

STEP3　その塊たちを「絵」だと思って、そこに矢印を加えてください

矢印を追加し、どの塊とどの塊がどんな関係になっているか、どの塊を最初に話し、次はどれにし、最後にどれを話すのがスムーズな理解を生むかを明らかにします。

⬅

STEP4　1分間でそれを説明できるよう、情報量を削ぎ落としてください

2分はダメです。最大1分間でお願いします。必ず1分以内にしてください。

さて、あなたのその説明はどのような「絵」になったでしょうか。おそらくは、次ページのようなものになっているでしょう。

まず上の絵2は、この会社の魅力について、3つの塊で説明してくれています。業界No.1の成長度という実績から、従業員も成長していると言い換えています。ゆえに、結論として従業員が輝いていること、つまり人が最大の魅力であると説明していま

◉絵２

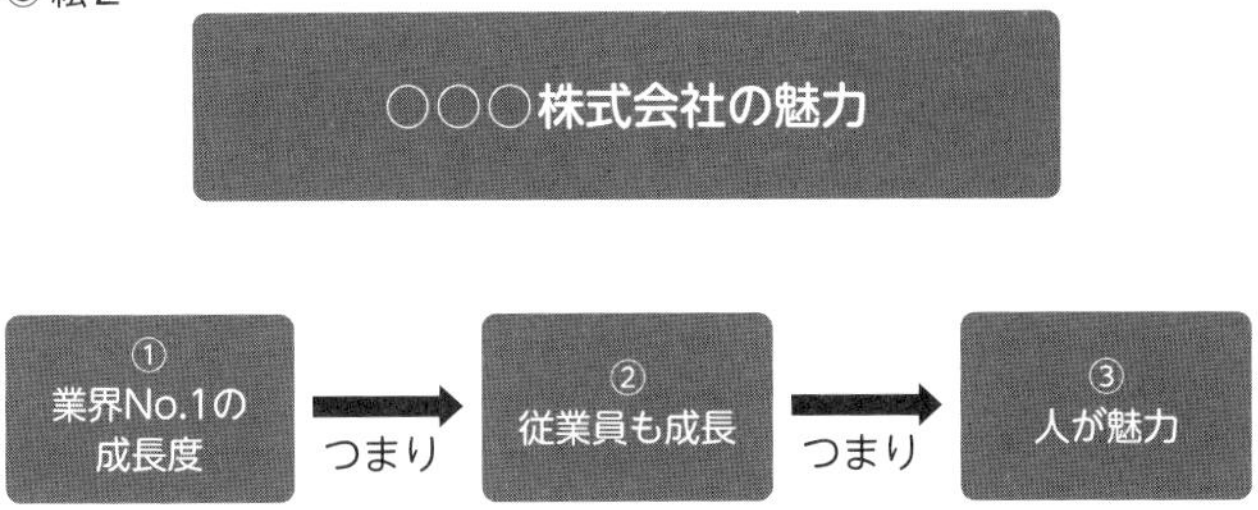

◉絵３

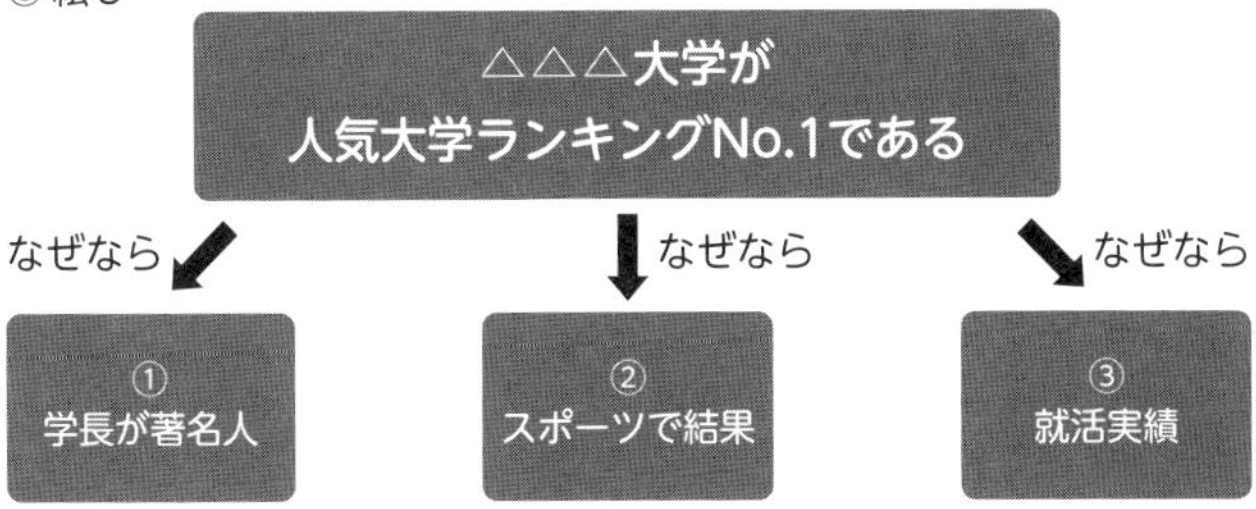

す。**３つの塊に順序をつけ、関連性を矢印で表現しつなぐことで、説明のスタートからゴールまでの筋道を作っています。**

続いて下の絵３は、ある大学がランキングNo.１である理由について、３つの塊で説明してくれています。

理由は大きく３つあり、まず学長が著名人であること、次に学業だけではなくスポーツでも実績をあげていること、最後に就活実績もいいこと、以上の３つをこの順序で説明

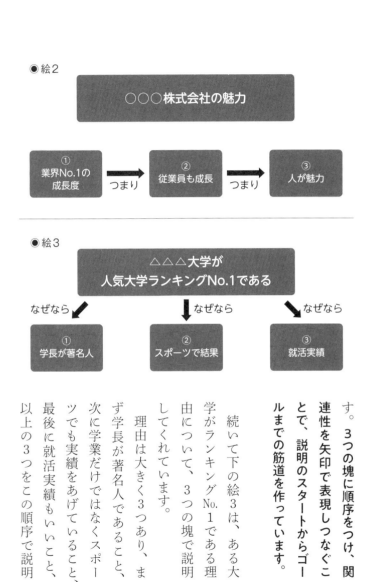

してくれています。

3つの塊に順序をつけ、関連性を矢印で表現しつなぐことで、説明のスタートからゴールまでの筋道を作っています。

ちなみに、この順序に関する個人的な想像です。

説明の最初に、学長が著名人であることをあげた理由は、わかりやすくインパクトある情報がいいと考えたからではないでしょうか。

次に、さまざまな分野で実績を出せる実力を示し、最後に多くの学生や保護者が気にする就職実績について触れる。このような順序にすることで「インパクト→実力→安心」という流れが生まれ、相手に伝わると考えたのではないでしょうか。

さて、あなたの説明は、どのような絵で表現されているでしょうか。

私は、この絵を「1 - 1 - 3」とネーミングしています。1分で、1つのメッセージを、最大3つの要素で説明する、という方法論です。そしてこれが、論理的であることを目指さなくても、結果的に論理的になる手法なのです。

「論理的にしなきゃ」と思わず、「1-1-3を作ろう」と思ってみてください。結果的にそれは、論理的な説明になっています。

もし、あなたが、この4つのステップをほどこす前後で（いい意味での）変化を感じ取ることができたら、この手法は、あなたの武器になる可能性があります。ぜひ実践を続けてみてください。

では、なぜ私が「1-1-3」を推奨するのか。なぜ、この4ステップがいいのか。それぞれには、どのような意味があるのか。そもそも本当に、結果的に論理的になる手法なのか。次項から解説することにいたします。

「要するに何？」と言われないために

あらためて、あなたに「1-1-3」を推奨する理由を説明します。1分で、1つのメッセージを、最大3つの要素で説明するという方法論です。

①1分で説明する

ビジネスパーソンは例外なく忙しく、1分1秒が惜しい人も多いでしょう。要するに何なのか、結論は何なのか、知りたいことだけを、簡潔にわかりやすく説明してくれることを望むものです。

実際、私も若いころは上司から「要するに何？」と言われて、悔しい思いをしましたが、キャリアを重ねて管理職になるころには、部下や新人に向けて「要するに何？」と言っていました。

ただし「どんな場面でも、必ず説明は1分でなければダメ」と申し上げているわけではありません。 現実にそんなことは無理です。あくまで考え方として理解いただけると幸いです。

②3つの塊

仮に1分で何かを説明するとしたら、その情報量は極めて少なくなければなりません。どう考えても、10個の要素で説明するなど物理的に無理です。では、5つならどうでしょう。やはり難しいのではないでしょうか。3つが限度です。

わかりやすい説明をする人は、よく説明する前に**「ポイントは3つです」**といった論法を使いますが、まさにこの考え方をお持ちだからだと思います。

③1つのメッセージ

たとえ、短い時間で要素を少なくして説明しても、相手へのメッセージが複数あると途端に「要するに何？」が生まれてしまいます。

メッセージは、つねに1つに絞りましょう。**1つのメッセージに対して最大3つの塊。**

そんなルールを設けておけば、あなたの説明は、つねに「1・1・3」になっているはずです。

「4ステップ」をたどると「1・1・3」の説明になる

ではここから、先ほどの4つのステップについて、その意味を解説します。

それぞれにどのような機能があるのかを、正しく理解いただくことを目的にします。

STEP1　その説明内容にタイトルをつけてください

「1つのメッセージ」が、何であるかを明確にする機能。

メッセージがぼんやりしていたり複数ある説明は、間違いなく失敗に終わります。

⬅

STEP2　その説明内容を、最大3つの塊に分けてください

本当に必要なものは何か、余計な情報はないかを考える機能。

繰り返しですが、ビジネスパーソンは例外なく忙しく、1分1秒が惜しいのです。余計な情報を聞いているほど暇ではありません。余計な情報を聞かせることは、相手の時間（＝命）を削る行為です。そういう意味で、このSTEP2は相手のことを想った「愛のある行為」なのです。

⬅

STEP3　その塊たちを「絵」だと思って、そこに矢印を加えてください

順序や関連性を明らかにする機能。

矢印でつなげる行為は、必然的に2者の関連性（たとえば原因と結果、または主張と事例、あるいは1番目と2番目など）を明らかにします。2者の関連性を明らかにするとは、その2者を意味づけして接続することにほかなりません。

だから、その矢印には必ず、接続詞が書き込めるはずなのです。あらためて68ページの具体例で確認してください。

⬅ STEP4　1分間でそれを説明できるよう、情報量を削ぎ落としてください

再び、本当に必要なものは何か、余計な情報はないかを考える機能。

同じ解説を繰り返すだけなので、ここでは省略します。


以上が「1-1-3」のすべてです。

よろしければ、いまから第1章の内容を、ざっと流し読みしてみてください。きっとどこかに「1-1-3」が存在していることがわかっていただけると思います。

加えて申し上げるなら、60ページで第1章のまとめをこのように表現しています。

【「説明」の定義】
【うまく説明するための3つの条件】
【さらにうまく説明するためのワンポイント】

つまり第1章で私がしたことは、1つのメッセージを3つの要素で説明していることにほかなりません。

「説明」の質を劇的に上げる「制限」の効果

4つのステップにおける「STEP2」と「STEP4」に共通するものが「制限」です。

あなたは「制限」という言葉に、どんな印象を持っていますか。なんとなく管理されているような、窮屈《きゅうくつ》な印象を持つ方も少なくないのではないでしょうか。

私は、この「制限」という言葉が、じつはとても好きです。なぜなら**制限することは、いいものを生み出すために、極めて重要である**ことを知っているからです。

いくつか例をあげます。

【料理のレシピ】
「どんな食材や調味料を使ってもいいので、最高にうまいレシピを考えて」
→逆に困る。
「卵と塩と野菜だけで、最高にうまいレシピを考えて」
→どんな卵と塩と野菜の組み合わせがいいか、徹底的に研究する。

【提出期限】
「いつでもいいよ」
→あまり真剣に取り組めない。ヘタをすれば提出することを忘れてしまう。
「1週間後（厳守）ね」
→緊張感を持って取り組む。スケジュールを調整するよう創意工夫もする。

【資料作成】

「紙は何枚使っても構わないよ」

↓ただの分厚い（誰も読まない）資料ができあがる。

「必ず紙1枚にまとめて」

↓余計なものを削ぎ落として本質だけ残し、伝わる資料ができあがる。


これらの例に共通することは、人間は制限を課すことで、深く考えたり工夫したりしようとするということです。制限が品質を上げることもあるのです。

76ページでご紹介したエクササイズの内容に、次のような一文があったことを覚えているでしょうか。


説明に関する条件や制限は、とくにありません。自由です。


制限はなく、自由である。

直感的には、なんだかとても「いいこと」のように思います。誰もが自由に生きたい。

自由にしゃべりたい。経済的自由を手にしたい。自由であることをとてもポジティブに感じるのは当然でしょう。

しかし、説明するという行為に限っては、これは極めて悪なのです。

実際、先ほどの4ステップを実践した方の中で、Beforeよりも After のほうが「何を言っているのかわからない」説明になってしまったという方はいないでしょう（もちろん断言はできませんが、99％は After のほうが品質も上がっているはずだと考えます）。

・Before（制限なし）＝品質低

⬅

・After（制限あり）＝品質高

つまり、制限とは、説明の品質を高める機能があるのです。

塊は最大3つで。所要時間は1分間で。これらはまさに制限です。この制限がなければ、事実上あなたは説明を自由に作ることができます。

でも、**自由ということは品質を下げる**可能性があります。

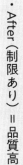

だから私は、あなたに「ＳＴＥＰ２」と「ＳＴＥＰ４」で、自ら制限を課すことを提案しているのです。

余談ですが、デザインの世界で活躍しているある方から、このようなお話をうかがいました。個人的にはとても共感します。

「色を何色も使っていいとなると、じつはあまりいいものができない。逆に3色しか使えないという条件にしたほうが、工夫したり自分でも驚くようなアイデアが生まれたりする。結果的に、質の高い創作物ができあがります」

そういえば本書も、まさに制限の産物です。私も、この「説明」というテーマで語りたいことはたくさんあります。許されるなら何ページでもほしい。でも本書には、２００～３００ページという制限があります。

だから深く考え、工夫をします。結果、いいもの（だと信じています）をあなたに読んでいただくことができるのです。

「矢印」と「数値化」で余計なものを削ぎ落とす

あるセミナーの参加者から、このような質問をいただきました。

「制限が重要であることも、余計な情報を削ぎ落とすことが大事であることにも納得しました。ただ、実際に自分でやってみると、どれを削ぎ落としたらいいかわからなくなるんです。何かヒントはないでしょうか？」

たしかに、その壁にぶつかってしまうと、うまく説明が作れません。そこで、いまからこの質問の答えを示すことにします。

ポイントになるのは２つ。まずは矢印を使うこと。そして数値化という考え方です。

まずは、79ページの絵2を使って解説します。

最大３つの要素にしなければなりませんが、説明する人物がどうしても４つのことを

◉絵4

◉絵5

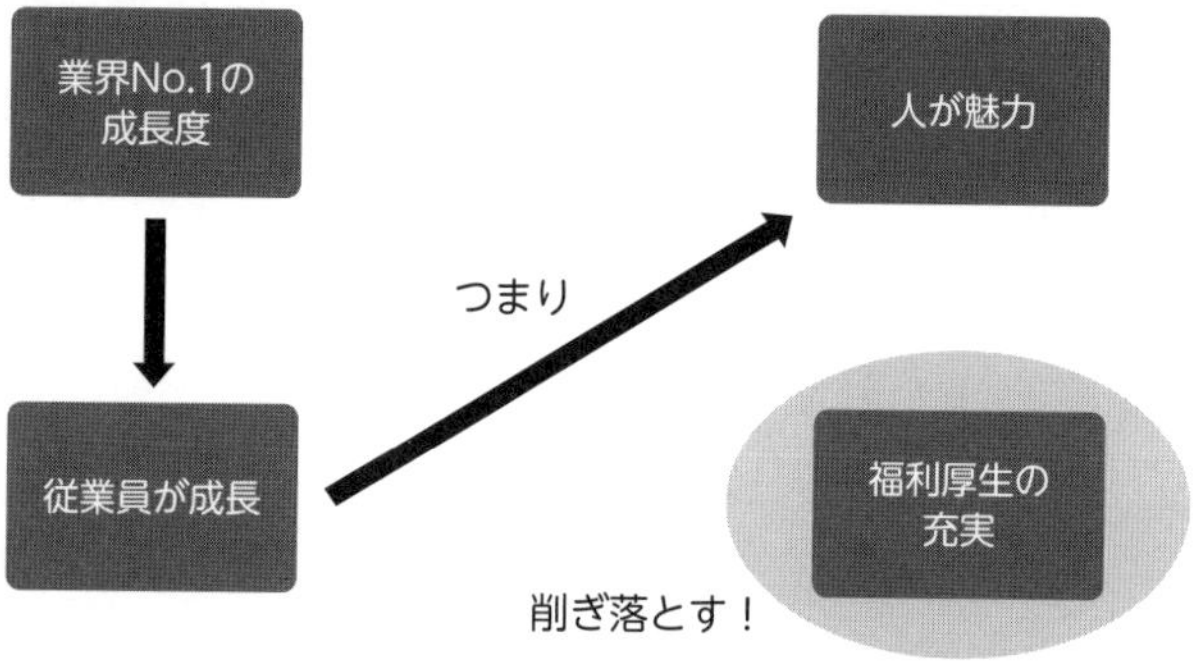

説明したいとします。

「業界No.1の成長度」「人が魅力」「従業員が成長」「福利厚生の充実」の4つです。このような場面こそ、ぜひ矢印を使ってください。矢印は、接続詞と同じ機能を果たします。

この4つの中で、接続詞でつながるものはどれかを考え、絵で表現します。すると、絵4から絵5のようになります。

「福利厚生の充実」だけは、どうしてもほかの塊と矢印でつなげることができません。

このような塊があれば、これがまさに削ぎ落とす対象になります。このような孤立した塊が説明の中に入っていると、「お前の話にはロジックがないね」と言われてしまう可能性があるからです。

次に、79ページの絵3を使って解説します。

最大3つの要素にしなければなりませんが、説明する人物がどうしても5つのことを説明したいとします。「学長が著名人」「好立地」「就活実績」「スポーツで結果」「某有名アイドル在学」の5つです。

このような場面では、ぜひ数値化をしてほしいと思います。どうしても5つを説明に入れたいとしても、その5つがすべて等しく重要であるはずがなく、必ず重要度の差が存在します。

それでも差はないと感じているようでしたら、無理やりにでも差をつける行為をしてください。その行為が、数値化です。

◉絵6

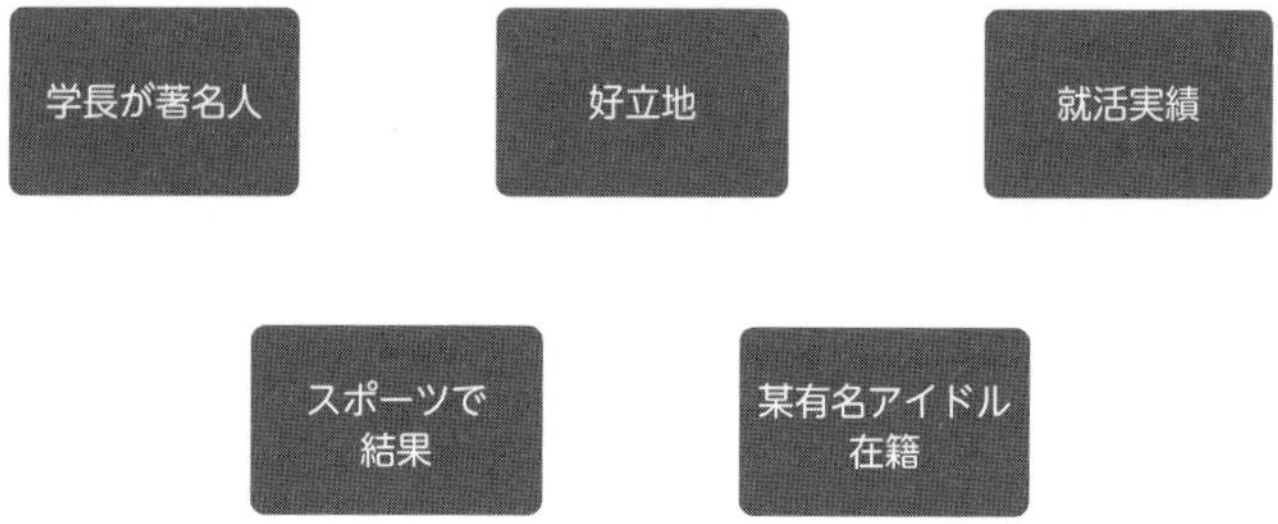

◉絵7

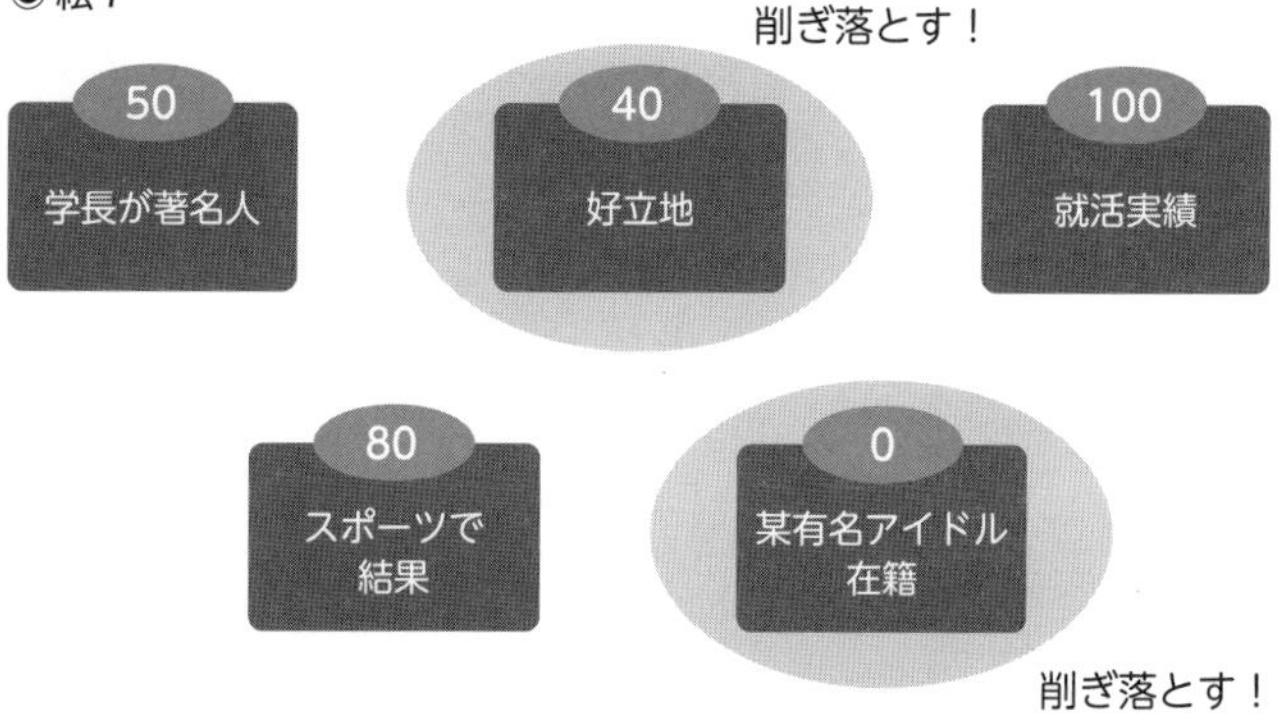

たとえば、最上位なものと最下位となるものを1つずつ（無理やりにでも）決め、仮にそれぞれを「就活実績」と「某有名アイドル在学」とします。

それぞれ100点と0点というスコアリングをし、それと比較して、ほかがどうかを主観でも構わないので数値化してください。たとえば、このような考え方で結構です。

・若干劣るかな＝10点をマイナス
・価値としては半減くらいかな＝半分をマイナス

ここで重要なのは「甲乙つけがたいので、ぜんぶ１００点です」といった考え方は許さないというルールにし、必ずすべてに差をつけます。

曖昧な考え方では、差をはっきりさせることができません。差をつけたければ、差がはっきりできる言語、つまり数値に置き換えることが有効なのです。

数値化の結果をふまえて、上位３つを選び、残りの２つは心を鬼にして削ぎ落とします。このようにすれば「要するに何が言いたいんだ？」「もっと簡潔に説明して」といったフィードバックをもらうことは激減するはずです。

制限を課すということは、捨てるという行為を課すことでもあります。捨てるものを明らかにするために、ぜひ矢印と数値化をやってみてください。

それでも、どうしても削ぎ落とせないものがあるのなら、それはあなたの説明に加えていいと思います。そこまでどうしても伝えたいものならば、たとえ冗長で相手にストレスを感じさせるとしても、熱意を込めて伝えることで好結果を生むかもしれません。

「一言・一行・一分」で誰でもロジカルに話せる

あなたは、この「1-1-3」で説明を作り、実際に誰かに向けてその内容を話すことになります。説明という行為の99％は、話す前に終わっています。

ですから「1-1-3」が完成していれば、説明は99％終わっており、あとはそれを話すだけということになります。

ところが、この話すという場面において、どう伝えたらいいものか悩む人がいらっしゃいます。

すでに説明の内容は絵で描かれていますから、理屈としてはそれを話すだけで済むはずです。しかし、**ここで問題になるのは、この「1-1-3」が文章ではなく絵であるため、一字一句書かれた「カンペ」になっていないこと**です。人前で話すことに慣れていない方にとっては、少し困る場面かもしれません。

そこで「1-1-3」の状態になったものを、実際はどのように伝えるか、ちょっとしたコツをお伝えしておくことにします。

まず、やっていただきたいことが１つあります。その説明内容を一言で表現すると何なのかを言語化してください。ここでは79ページの絵３を題材にしてみます。

あの内容を一言で表現すると、「△△△大学の魅力」となるでしょうか。

すると、次のような表現が用意できることになります。

・一言で表現すると……△△△大学の魅力
・一行で表現すると……ＳＴＥＰ１で決めたタイトル
・一分で表現すると……「１－１－３」の内容（３つの塊を決めた順序で語る）

これで準備完了です。あとは次のように相手に伝えてみましょう。


この話は一言でいうと「△△△大学の魅力」です。

タイトルをつけるなら（１行で表現するなら）、「△△△大学が人気大学ランキングNo.１である理由」となるでしょうか。

説明に、いまから1分だけお時間をいただきたいと思います。

まず、学長が著名人であることをあげたいと思います。皆さんもよくご存じの山田太郎さん（仮名）です。さまざまなメディアを通じて、教育の大切さを伝え続けており、その姿勢や言葉は、多くの方に影響を与えています。私たち学生にとって誇りでもあります。

続いて、スポーツの分野でも、高い実績をあげていることをあげたいと思います。言うまでもないことですが、学問やビジネスだけではなく、スポーツの世界も私たちにとって成長や学びを提供してくれる尊いものです。本学の実績は、さまざまな分野において結果を出す人材を育成していることの表れではないでしょうか。

最後に、やはり就職支援の実績をあげたいと思います。いまはまだ多くの学生が、卒業→就職というシステムの中で人生を歩みます。学生が自分の目指す道に進めるよう導いてくださる機能があり、その品質が高いことは、大学を評価するうえで

極めて重要なことだと思います。

以上3点が、主な「△△△大学の魅力」と考えます。


最初の「一言でいうと」の内容が、この説明のすべてを表現します。これを耳に入れることで相手は要するに何の話なのかを理解してくれます。

次の「タイトルをつけるなら（1行で表現するなら）」が、その情報をもう少しだけ具体的にしてくれます。

最後の「1分だけお時間をいただきたい」が、3つの塊を順序立てて伝えていく行為になり、結果としていわゆるロジカルな話し方になっています。

私の経験上「説明にいまから1分だけ、お時間をいただきたいと思います」という冒頭の言葉は、とても重要です。

人は、いつ終わるかわからない話はあまり聞きたくありませんが、1分だけとはっきり言えば安心して耳を傾けてくれます。たとえ1分を少し過ぎても、実際は誰も文句は言いません。まさかストップウォッチで計っている人もいないでしょう。

99％の仕事は「1－1－3」で。
残り1％の仕事は「一言・一行・一分」で。

そう整理していただいて結構です。

好きなテレビドラマの魅力を論理的に説明せよ

ではここで、1つエクササイズをご用意します。

「説明」とは、勉強して身につくものではなく、実践してはじめて身につきます。本を読んだだけで終わってしまった。内容はよく理解したけど、それだけで終わってしまった。こういうパターンが、いちばんもったいないと思います。そこで終わってしまうと、読んだことも理解したことも無意味になるからです。紙とペンを用意し、コーヒーでもいれて、ぜひ楽しみながらチャレンジしてみてください。

【エクササイズ】
あなたの好きなテレビドラマ（あるいは映画）を１つ思い浮かべてください。それを観ていない人に向けて、そのドラマの魅力を説明してください。

説明する相手は架空の人物でもいいし、実在する人物でも結構です。

たとえば、ご家族とか職場の友人とか、おそらくそのドラマは観ていないと思われる人物を設定すると、やっていて楽しいエクササイズになるでしょう。

ちなみに相手は、そのドラマを観ていないわけですから、そもそも興味がない話を聞かされる立場であることを前提にしてください。ダラダラと自分本位の説明をしていると、「何が面白いのかわからない」「要するに何？」という反応になるでしょう。

１分くらいで、しっかり説明し切りたいところです。ぜひ「１－１－３」を使い、余計なものは削ぎ落としてください。

「メッチャ面白かったよ！」「絶対に観たほうがいいよ！」だけでは伝わりません。具体的に何がどう魅力なのかを、中学生でもわかるように説明してみましょう。

私もやってみました。参考になれば幸いです。


この話は一言でいうと「あるテレビドラマの魅力」です。

タイトルをつけるなら（1行で表現するなら）、「あなたにドラマ『ノーサイド・ゲーム』をどうしても観てほしい理由」となるでしょうか。

説明に、いまから1分だけお時間をいただきたいと思います。


このドラマは、社会人ラグビー部を舞台にした成功物語です。とはいえ、ラグビーには興味がない、あるいはルールも知らない方が多いと思います。

でも、じつはこのドラマは、ラグビーをテーマにしたものではありません。

ラグビーには「ノーサイド」という言葉があります。試合が終われば敵も味方も関係なく、お互いの健闘をたたえる。試合中はライバルだけど、試合が終われば友人である。そんな精神のことです。

ゆえに、このドラマは友人とライバルの存在を描いたものといえます。

友人の存在は、誰にとっても必要なものではないでしょうか。苦しいときに助けてくれる存在なしに、人は成長したり困難を突破することは難しいでしょう。

一方で、ライバルの存在も欠かせないものではないでしょうか。

ライバルがいるから切磋琢磨し、気づけば成長したり困難を突破できる力がついていたりすることもあるでしょう。

つまり、このドラマは単なるラグビーチームの物語ではなく、人の成長をテーマにしたドラマ

◉絵８

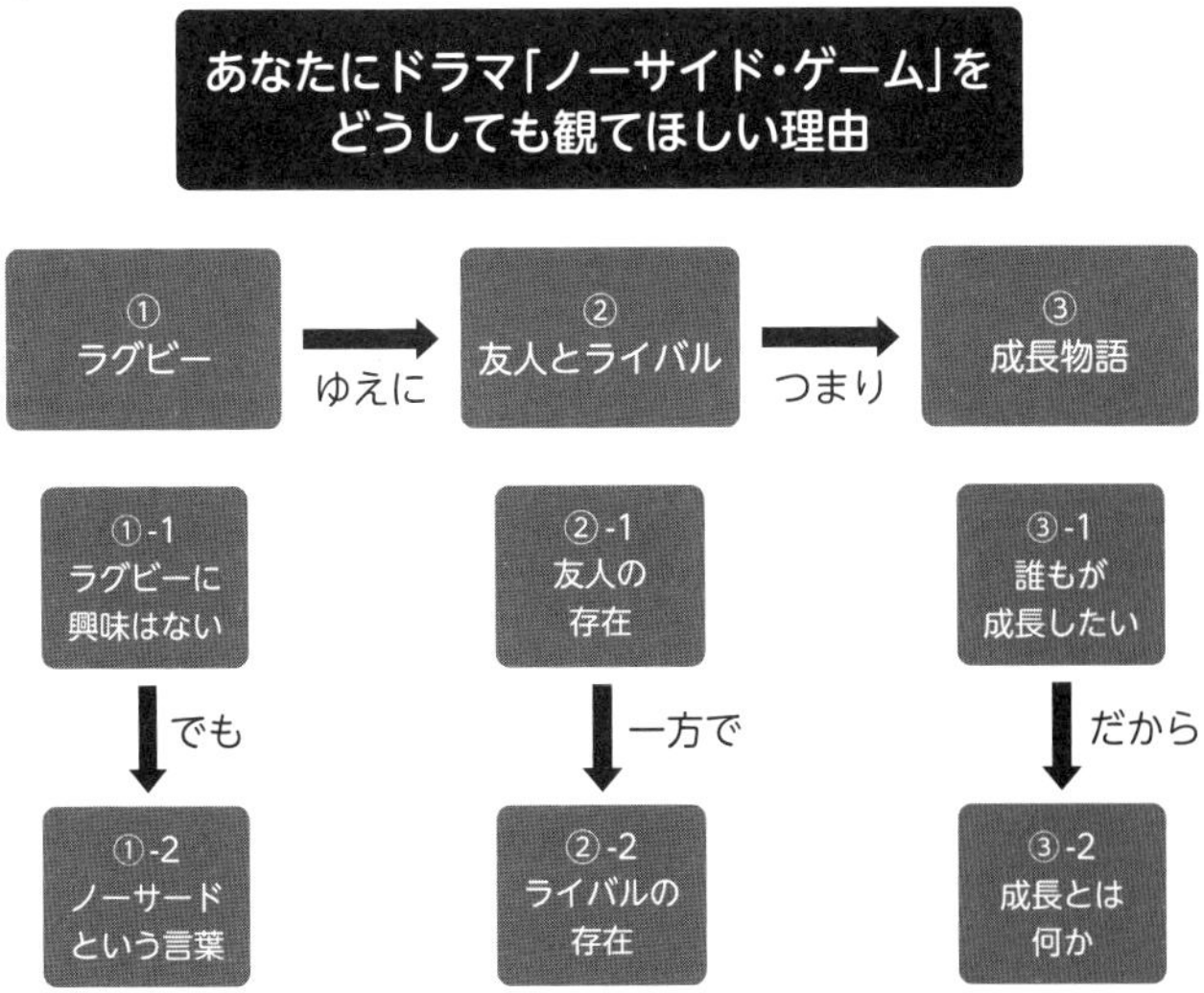

なのです。

人は誰もが成長したいと思っています。まさか衰退を望んでいる人はいません。だから、このドラマはすべての人にとって大切なこと、望んでいることが描かれています。人が成長するとはどういうことかを確かめる意味で、すべての人に必ず観てほしいドラマです。

Check

論理的な説明なら理解してもらえる、とは思わない

本章をまとめます。

説明するという行為において、その内容が論理的であることが大切であること。そして、それはどのようにして作れるものか。これ以上シンプルにできないほど情報を削ぎ落としてお伝えしたつもりです。

しかし、あなたにどうしても伝えなければならないことがまだ残っています。
それは**「人間」と「論理的」は極めて相性が悪い**、という事実です。

そもそも、人間は論理的な生き物ではありません。

たとえば正論。

「ダイエット中は夜中にラーメンを食べてはいけない」とは、これ以上ない正論、つまり論理的な主張です。

しかし、現実はどうでしょう。理屈ではダメだとわかっているのに、つい夜中にラーメンを食べてしまうのが人間です。

就活がうまくいくためには、エントリーシートをきちんと書かないといけない。理屈としては正しいはずです。

しかし現実は、エントリーシートなんて書いたこともないのに、なぜか就活がうまくいった人もおそらくいるでしょう。

つまり人間は、そして人間がいるこの世界は、「論理的」にできていません。

だから「人間」と「論理的」は極めて相性が悪いのです。

大切なことを申し上げます。

論理的な説明（正しい説明）なら理解してもらえる、と思ってはいけません。

もし、あなたが説明という行為の質を、もっと高めたいと本気で思っているなら、このことをわかっているかどうかが極めて重要です。

たとえば、あなたは、これまでに論理的思考や、ロジカルコミュニケーションといったテーマの書籍を読んだり、セミナーに参加したことがあるでしょうか。

もしYESであれば、その書籍やセミナーには、次のような言葉が使われた（まさに論理的な説明が展開されていたはずです。

演繹《えんえき》法／帰納《きのう》法／ロジックツリー／ピラミッドストラクチャー／WHYを5回繰り返す／分解して考える／因果関係／構造化する／PREP法／結論から伝える／……といったことをやってください。

これが、いわゆる論理的であることの一般的な解説であり、もちろんすべて正しい内容です。しかし、この説明だけでは理解できない人、実際にできるようになるところまでは難しい人も確実にいます。

事実、世の中はいつまで経っても、論理的思考やロジカルコミュニケーションを学ぶコンテンツがなくなりません。つまり、正しいことを論理的に伝えれば理解してもらえるわけではないのです。

ですから、私は**論理的なことを感覚的に説明する**ことを心がけています。本書で絵や写真を使ったり、「塊と矢印を使って絵を描きましょう」と提案していることの理由にも通じるでしょう。

Check

論理的なことを感覚的に説明できるか

論理的な説明といえば、ほかにも数学を指導するという行為があげられます。

繰り返しですが、数学は論理１００％の内容です。当然ながら論理的な説明をすれば、それは完璧な説明になっているはずです。

でも、実際は、その説明では理解が追いつかず、数学にアレルギーを持ってしまった人も確実にいます。

これもまた、論理的なことを論理的に説明すれば、すべての人が理解し、実践できるようになるわけではない例といえます。

しかし、それは理解できないその人物が悪いわけではありません。人間にはいろんなタイプがいます。

つまり、理解するという行為にも、人それぞれ個性があるのです。

ところが、誠に残念なことに、いわゆる頭がよくて論理的な人ほど、自分の完璧な説明が正しいと信じ込んでしまい、それを理解できない人のことをバカにします。「俺の説明は間違っていない。理解できない奴が悪いんだ」とばかりに。

とても残念な考え方ではないでしょうか。

理解する側が未熟なのではなく、わかるまで導けない側が未熟なのです。物事を説明することが上手な人は、このことがわかっています。

論理的な説明（正しい説明）でも理解してもらえないことは多々ある。

これを認めると、次の第3章の内容が、いとも簡単に身体に染み込むはずです。あなたの「説明」は、この第2章で終わるか、それとも一歩先に進めるか。できることなら、私はあなたとこのまま先に進みたいと思っています。

キーワードは、「感覚的」です。

第3章

「なんか、わかったかも」と思わせる

Check

「いま私はとても絶望している」をどう説明するか

第1章でもお伝えしましたが、人間は相手の伝える内容が論理的に正しくても、「ピンとこない」状態が生まれると、理解までたどり着きません。まさに「ちょっと何を言っているかわからない」となります。

その状態を解消し、感覚的にわかる状態にするために用意するものが2つあります。

・例（Example）を用意する

・比喩（Metaphor）を用意する

まずはこの2つについて、正しく理解するところから始めましょう。

例とは、ある主張を理解してもらうための具体的な事実や表現のことを指します。

一方、比喩とはその様を別のものに置き換えた表現のことを指します。

次の整理における空欄に入るものが、それぞれ例と比喩であると思ってください。

【例……具体的な表現】
Aである。具体的には（たとえば）、○○○である。

【比喩……置き換え】
Aである。それはまるで、○○○のようである。

さらに、具体例で理解しましょう。
たとえば「いま私はとても絶望している」という事実を説明するとします。
①「とにかく、すごく、史上最高に、徹底的に、とても絶望している」
②「たとえばこの数日、食事も喉を通らないし、人と話す気力もない」
③「まるでこの世から太陽が消滅するようなことが私に起こった」

まず①についてですが、言っていることはもちろんわかります。でも、それは「感覚的にわかる」でしょうか。字面《じづら》としては理解できるが、感覚でそれを理解できない。人間には、そんなことがたくさんあるように思います。

だから②のほうが、より伝わります。それはよほどのことが起こったのだな……と感じる方も多いでしょう。これが、例で説明するということです。

あるいは③のように表現してはどうでしょう。絶望という言葉を使わなくても、とても絶望している様が伝わります。これが比喩で説明するということです。

本章では、例と比喩の作り方を体系立て、中学生でもわかるように説明します。説明上手な人は例外なく、この例と比喩の使い方が上手です。習得することで、あなたがする説明は、飛躍的にわかりやすいものになります。さっそく始めましょう。

まず**何よりも重要なことは、相手にとって身近な題材であること**です。なぜなら、感覚的にわかる必要があるからです。

「まるでアフリカのセネガル中心部の路上で漂《ただよ》う、なんとも言えない臭い」

「まるで洗濯物の生乾きのような臭い」

前者はサッパリわかりませんが、後者は感覚的にわかります。

この２つの違いは臭いの違いではなく、扱った題材が身近かどうかです。洗濯は人間にとって極めて身近な行為です。よって「洗濯物の生乾き」を経験した人も多いはず。つまり、その臭いがどんなものかが、感覚的にわかる人も多いでしょう。

「できるだけ身近」＝「誰でも（中学生でも）知っている題材で作られたもの」

そう理解していただいても構いません。まずは、この大原則を守りましょう。そうでないと、いわゆる「伝わらない事例」や「ピンとこないたとえ」を作ってしまうことになります。

では１つ、エクササイズを用意しておきます。先ほどお伝えした大原則を守り、中学生でも伝わる例と比喩を考えてください。

もちろん本章の後半で、例と比喩の作り方はたっぷり解説いたしますが、その前にまずは試しにやってみてほしいと思います。そのほうが、あとの解説にも納得いただけるはずです。例と比喩。その定義と違いをここでしっかり押さえておきましょう。

【エクササイズ】
「歩きスマホ」（歩きながらスマホを見て操作に夢中になってしまう行為）が危険な行為であることを中学生に説明したい。
①その説明で使える例を考えてください
②その説明で使える比喩を考えてください

なぜ分数を「ピザ」で説明するのか

前項のエクササイズ、私なりの答えをシェアいたします。

①たとえば、あなたがそのせいで階段を踏み外したら、目の前にいる子どもやご老人、

あるいは妊婦さんなどを巻き込むことになる。

②それはまるで、フロントガラスを真っ黒に塗りつぶした車を運転するようなもの。

私が、この例と比喩を、どうやって作ったのかを説明します。

説明するテーマは「歩きスマホが危険な行為である」でした。**歩きスマホを説明するのではなく、それが危険であることを説明しなければなりません。**ゆえに、ここで作る例と比喩は、説明を聞く相手が「危険であると感じ取れること」が最低条件になります。危ない。怖い。絶対に避けたい。避けなければならない。人間が感覚的にそう思っていることを題材にする必要があります。

だから①の回答において、私は「目の前にいる子どもやご老人、あるいは妊婦さんなどを巻き込むことになる」としました。もし、この回答が次のようなものだとしたら、あなたはどのように感じるでしょう。

①たとえば、あなたがそのせいで階段を踏み外したら捻《ねん》挫《ざ》してしまう。

もちろん、これでも例として成立しますが、明らかに「危険であること」の伝わり方が違うように思います。

比喩においても、同じ考え方で作りました。危ない。怖い。絶対に避けたい。避けなければならない。中学生でも、感覚的にそう思えることを題材にする必要があります。中学生であれば、親御さんが運転する車、あるいは通学バスなどに乗車した経験があるでしょう。フロントガラスが真っ黒であることがどれほど恐ろしいか、視覚的に理解できるはずです。

逆に、前が見えない状態の車が、自分に向かって突っ込んでくることも想像できるでしょう。それがどれほど恐ろしいことか、これもまたイメージできるはずです。

- **視覚的に理解できる**
- **想像（イメージ）できる**

感覚的にわかるとは、つまりこのいずれかを満たすことです。

実際、私は本書の第2章において写真や絵を多用し、「塊と矢印を使った絵」を使い、論理的な内容にもかかわらず、それを極めて感覚的に伝わるように説明しました。**ぜひあなたも本章を通じて、この「感覚的な説明」の感覚をつかんでください。**

余談ですが、かつてあなたが学んだ数学の教科書には、必ず例題、つまり例が紹介されていたはずです。あなたも例題の説明を聞いて、はじめて「ああそういうことか」「なるほどイメージできた」と感じた経験があったはずです。例が理解を促進する重要な機能になっているのは間違いありません。

あるいは、かつて算数の授業で、分数を「ピザを◯等分して……」なんて説明をしてくれた先生がいたのではないでしょうか。

本来であれば、分数の説明にピザなど必要がありません。しかし、それでも教師がピザで説明する理由はなんでしょう。

多くの方の答えが「そのほうがわかりやすいから」です。

では、なぜそのほうがわかりやすいのでしょう。間違いなく「視覚化されているから」「そのほうがイメージできるから」という答えになるでしょう。

つまり、例や比喩を用意するときの視点は、やはり「視覚的に理解できる」あるいは

「想像（イメージ）できる」ということなのです。

説明が上手な人は、例と比喩を巧みに使うこと。そしてそれは、極めて直感的な視点が必要になること。つまり人間という（論理的でなく感覚的な）生き物のことがわかっていないといけないこと。ご納得いただけたでしょうか。

ではここから例と比喩、それぞれについてたっぷり深掘りしていきます。

「そもそも星人」と「結論から星人」

まずは例（Example）について説明します。それを作る際に重要なことは、すでにお伝えしました。

- **視覚的に理解できる**
- **想像（イメージ）できる**

ということは、残る課題は1つしかありません。実際にする説明のどこに配置するかを決めることです。あくまで私の整理ですが、例には2種類あります。

①理解させるための例「具体的には、こういうことです」
②想起させるための例「たとえば、こういうことありますよね」

まず①は主張の後に配置します。つまり「主張→例」という順序で配置します。一方の②は主張の前に配置します。つまり「例→主張」です。

これだけでは伝わらないと思いますので、具体例を用意します（いま、まさに①の行為をしようとしています）。

【①の使い方】

この会社は、来年から従業員の育成を強化すべきだと思います。その中でも、とくにリーダー研修は必須ではないでしょうか。リーダーが必要なときに必要な仕事をしてくださることが、この会社の停滞を打破するポイントだと思うのです。

たとえば私たちって、会議をしていても、議論が行き詰まることが多いですよね。
こういうときこそ、リーダーが舵取りをしてほしいって思いませんか。

【②の使い方】

たとえば私たちって、会議をしていても、議論が行き詰まることが多いですよね。
こういうときこそ、リーダーが舵取りをしてほしいって思いませんか。
この会社は、来年から従業員の育成を強化すべきだと思います。その中でも、とくにリーダー研修は必須ではないでしょうか。リーダーが必要なときに必要な仕事をしてくださることが、この会社の停滞を打破するポイントだと思うのです。

まず①は、主張の後に、その具体例として使っています。一方の②は、主張の前にその具体例を話の導入として使っています。同じ内容の具体例でも、使い方（つまり配置する位置）には2通りあるのです。

ここで、あなたからご質問があるとするなら、**「①と②はどう使い分けるのか？」**というものでしょう。

最初の回答としては「はっきりしたルールはない」となります。①と②の内容はどちらも同じことを言っています。だから、どちらでもいいのです。

でも、強《し》いて使い分けのルールを定めるなら、私は次の考え方を推奨いたします。

・相手が「結論から星人」の場合は①
・相手が「そもそも星人」の場合は②

この「結論から星人」と「そもそも星人」は私の造語です。

相手が「前置きはいいから本題に入って」「要するに何の話？」と思っている可能性が高いときは、①で説明をしてはいかがでしょう。

この「結論から星人」は文字通り、まずは結論から伝えてほしいタイプ。まずは結論から伝えてもらい、その内容について「具体的には？」や「根拠は？」と質問したいのです。

だから、まずはあなたの主張を伝え、「具体的には？」や「根拠は？」というツッコミ

に答えられる、身近なテーマの事例を最後に用意することが有効でしょう。

一方、相手が「そもそも、なんでこの人の話を聞かなきゃいけないの?」「そもそも、なんでこの人は、リーダー研修についての話をし始めるの?」と思っている可能性が高いときは、②で説明をしてはいかがでしょう。

この「そもそも星人」は、あなたの説明を聞く理由や動機づけがない人です。そんな状態の相手に、いくら正しい説明を始めてもおそらく伝わらないでしょう。

だから身近なテーマで、あなたの説明を聞く動機づけになるような具体例を、導入として用意することが有効なのです。

この「そもそも星人」と「結論から星人」の話は、さまざまな研修で事例としてお話をしますが、ビジネスパーソンの皆さんはとても共感されます。きっと、職場の上司やお客様などに「そもそも星人」や「結論から星人」が実在するのでしょう。

あなたも、今後は「相手は◯◯◯星人?」という視点を持ってみてください。もし説明するときの相手が複数いる場合は、「どちらのタイプが多いだろう?」と想像を働かせてください。

やはり「説明」とは、とても人間的な行為ですね。

「主張＝×」→「主張＝比喩」かつ「比喩＝○」→「主張＝○」

続いて比喩（Metaphor）について深掘りします。一般的に比喩の解説には、じつにさまざまなものがあるようです。例として1つあげます。

「譬《ひ》喩《ゆ》とも書く。文学的な表現において、心象（image）を利用して、説明、記述をわかりやすくし、強調や誇張の効果をあげるために、類似した例や形容で表現すること。直喩（simile）、隠喩（metaphor）、換喩（metonymy）、提喩（synecdoche）、奇想（concei）などに分けられる」

なんだか複雑で、わかりにくいと感じるのは私だけでしょうか。

本書は文学を語るものではありませんし、学術書でもありません。目的はあくまで、説明が上手になることですから、私はこのあたりの厳密な定義については無視し、極めてカジュアルに伝えていきます。あらためて、本書における比喩の定義です。

【比喩……置き換え】
Aである。それはまるで、○○○のようである。

なぜ比喩を使うと、相手に「感覚的にわかる」が提供できるのでしょうか。それを理解するために、そもそも比喩で説明するとはどういうメカニズムなのかを説明します。

先ほどご紹介した「とても絶望している」を、「この世から太陽が消滅することと同じことが私に起こった」と説明した例を思い出してください。

「とても絶望している」という説明では相手はピンとこない
⬅
「とても絶望している」と似た様子の「この世から太陽が消滅する」で説明する

↓
「この世から太陽が消滅する」なら感覚的にわかる
↓
「とても絶望している」も感覚的にわかる

これを一般化すると次のようになります。

「主張＝わからない」→「主張＝比喩」かつ「比喩＝わかる」→「主張＝わかる」

主張＝わからない
↓
「主張＝比喩」（〝主張〟はまるで〝比喩〟のようだ）となるような比喩で説明
↓
比喩＝わかる
↓

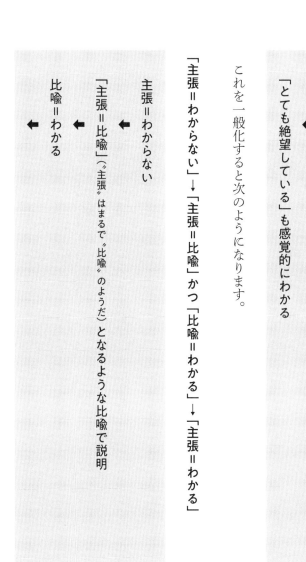

主張＝わかる

この表現の最初と最後に注目してください。「主張＝わからない」の状態を「主張＝わかる」の状態に導いていることがわかります。まさに説明するという行為にほかなりません。これが比喩で説明するということのメカニズムです。

誰も教えてくれなかった「比喩」の簡単な作り方

では、比喩の作り方について話を進めることにします。基本的には、この2つを意識して考えることにより作ることができます。

- **視覚的に理解できる**
- **想像（イメージ）できる**

それでは、具体的にどう考えればいいのか。そのためのポイントは、構造という言葉にあります。

構造とは「つくり」のことです。たとえば、ビジネス書とビジネスセミナー。前者と後者は表面的に違うものですが、その内容（導入、本題、ポイント、事例、結論、演習）はおそらく同じであり、つまり「つくり」が同じであるといえます。

ですから当然、このような表現が作れることになります。

「ビジネス書を読むことは、ビジネスセミナーに参加するようなものである」

「つくり」が同じものを探すことができれば、比喩は簡単に作れます。

それでは、この「つくり」が同じであることをポイントにして、具体的な比喩の作り方を習得いただきましょう。

たとえば「バイトの面接で不採用となる」という事実があったとします。いまから、この事実と同じ構造であるものを探します。そのために、まずしなければならないことは「バイトの面接で不採用となる」の構造を明らかにすることです。

「バイトの面接で不採用となる」とは、応募する側と募集する側の2者がいて成立します。仮に応募したのが山田さん、募集したのが佐藤プランニングという会社だとしましょう。

山田さんと佐藤プランニングは、これまでおつき合いしたことはありません。しかし山田さんは佐藤プランニングに想いを寄せ、おつき合いしたいと思ってその意思表示をした。

ところが佐藤プランニングは、何らかの理由によりそれを断った。これを絵にすると絵9のようなものになり、これが「バイトの面接で不採用となる」の構造です。

そこで絵9、つまりこの構造と同じ別のものを、なるべく身近な題材から探します。

XはYが好き。YはZを求めている。しかしYはXがZには適合しないと判断。だからYはXを拒否した。私は、これがある山田さんがある佐藤さんにフラれるという出来事そっくりだ

◉絵9

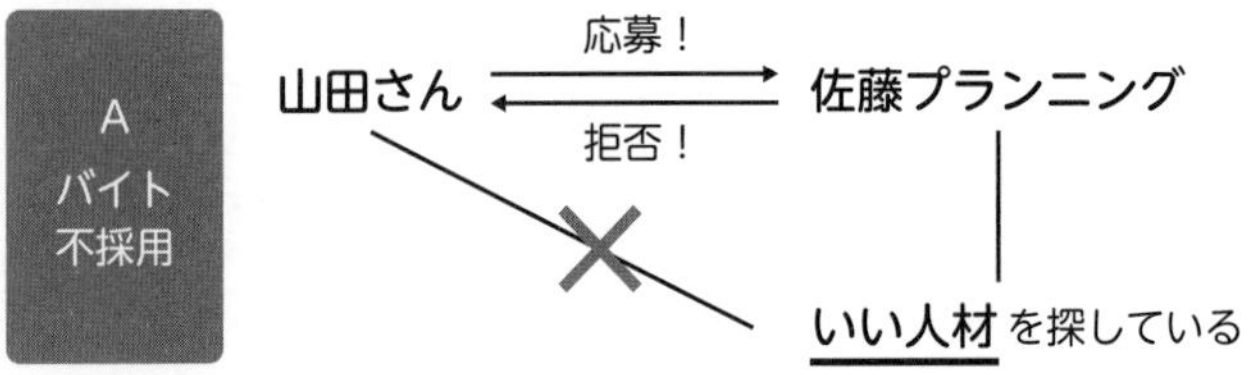

なと思いました（絵10参照）。

そこで比喩として「意中の相手に告白したがフラれる」とすることで、「バイトの面接で不採用となる」と同じ構造で別のものが用意できます。結果、このようなたとえ話が作れます（絵11参照）。

「バイトの面接で不採用。まるで意中の相手に告白してフラれたみたいな気持ちだな」

このメカニズムを理解することで、いつどんなときでも、比喩を意図的に作れるようになります。天才的な比喩表現がひらめくのを、じっと待っている必要はありません。

◉絵10

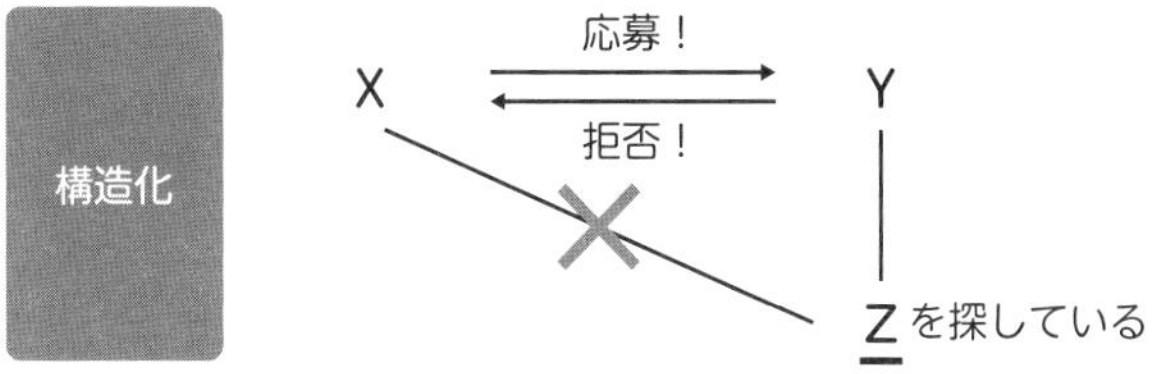

◉絵11

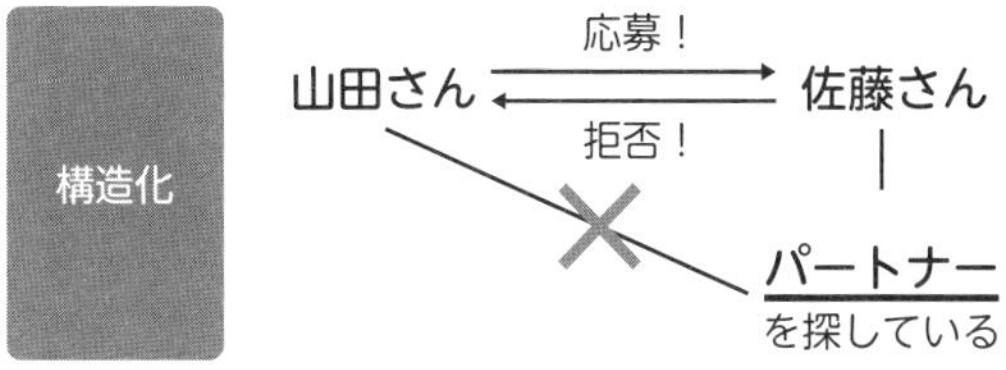

「同じ構造」のものを見つければ意図的に比喩を作れる

第1章において、私は「センターピンさえわかっていれば説明は必ずうまくなります」とお伝えしました。そもそも、ボウリングの話ではありませんから、これこそまさに比喩を使った説明ですが、次のように書き並べて比較すると、同じ構造になっていることが伝わるでしょう。

主張……説明という行為は、実際に話す前の仕事が間違っていると、どれだけいい声で滑らかに話をしても、絶対に相手が理解することはない。

⬅

比喩……ボウリングはセンターピンを外すと、どれだけいいフォームで球速のいい球を投げても、絶対にすべてのピンが倒れることはない。

私は、この「同じ構造のもの」を見つける思考法を「構造化思考」とネーミングし、さまざまな企業研修やビジネスセミナーで指導をしています。ぜひ、あなたにもこの構造化思考を身につけていただきたいと思っています。

繰り返しますが、**比喩がパッと思いつくのを待たなくても、いつどんなときでも意図的に作れるようになるための強力な武器になる**からです。

次項で、少しだけそのトレーニングを体験していただきます。

Check

比喩が劇的にうまくなる「構造化思考トレーニング」

それでは、さっそく構造化を練習してみましょう。とにかく、ここでは楽しむことを意識してください。

何事もそうですが、楽しんでいる人には勝てません。遊ぶように楽しんで仕事をしている人ほど、結果的にいい仕事をするものです。だから、楽しんでください。

もちろん、絶対の正解もありません。考えてみるにあたり、前提や仮定が必要であれば自由に設定していただいて構いません。

では始めましょう。

【エクササイズ】
たとえば、教師や塾の講師は指導することを職業としています。そこで、彼らがやりがいに感じている「指導することの喜び」を構造化してください。

ここで、私なりの回答例をご紹介します。参考になれば幸いです。

次の絵12のような構造であると把握できると、説明に使える比喩がいくらでも作れます。たとえば、教え子が志望校に合格できたときの教師の気持ちと、部下が成果をあげたときの管理職の気持ちは、とても似たものであることが説明できます。

また、それはオリンピックで金メダルを獲得した選手のコーチの気持ちに、極めて近いことも説明できます。

それでは、次のエクササイズです。

◉絵12

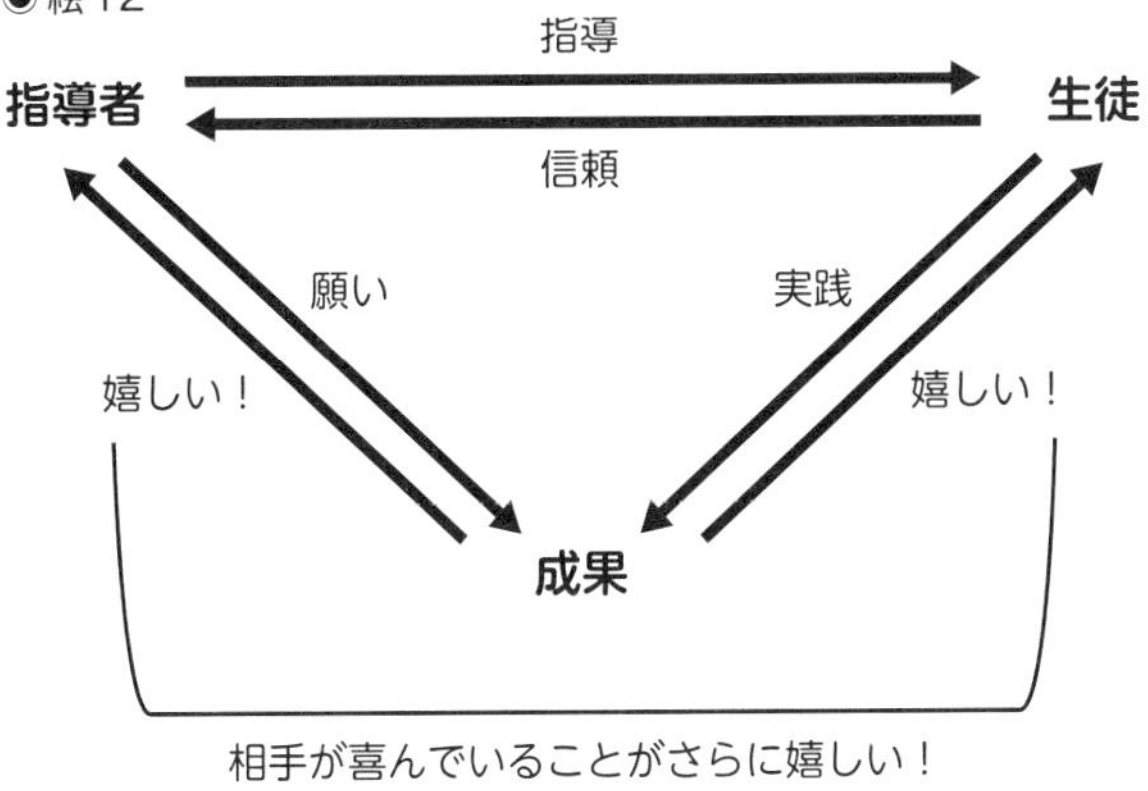

【エクサイズ】
オンライン授業が浸透しない学校がある。その理由を構造化してください。

このようなテーマにおいて「オンラインではいい授業ができないから」「教育の質が落ちるから」といった意見をお聞きします。

しかし、それは本当でしょうか。失礼であることを承知で申し上げれば、私はとても表層的な意見だと思っています。ここでは回答例として、私の考えを構造化の解説とともに説明します。

次ページの絵13をご覧ください。私は「①学校の問題」と「②家庭の問題」に分けてみました。

①は指導者のＩＴリテラシーの低さと、授業提供のための環境整備が遅いことをあげています。この2つの本質は「変化への抵抗」だと考えます。

要するに、今までのやり方を変えたくない、面倒くさい、自分がオンライン授業に対応できないことが露呈するのが怖い、といった心理的なものです。つまり、極めて人間的な理由です。

一方、②は経済的な理由などにより、パソコンやタブレットなど学習できる環境の整備ができていないこと、そして何らかの深い事情で、子どもが自宅にいられない（いたくない）という理由によるものです。こちらは社会的な理由といえます。

つまり、**この問題は、人間的な理由と社会的な理由が組み合わさった構造**をしています。人間と社会。綺麗事だけでは簡単に変えることができないものの代表格です。だからこの問題は、非常に根が深い。これが「オンラインではいい授業ができないから」が、極めて表層的な意見だと主張する根拠です。

◉絵13

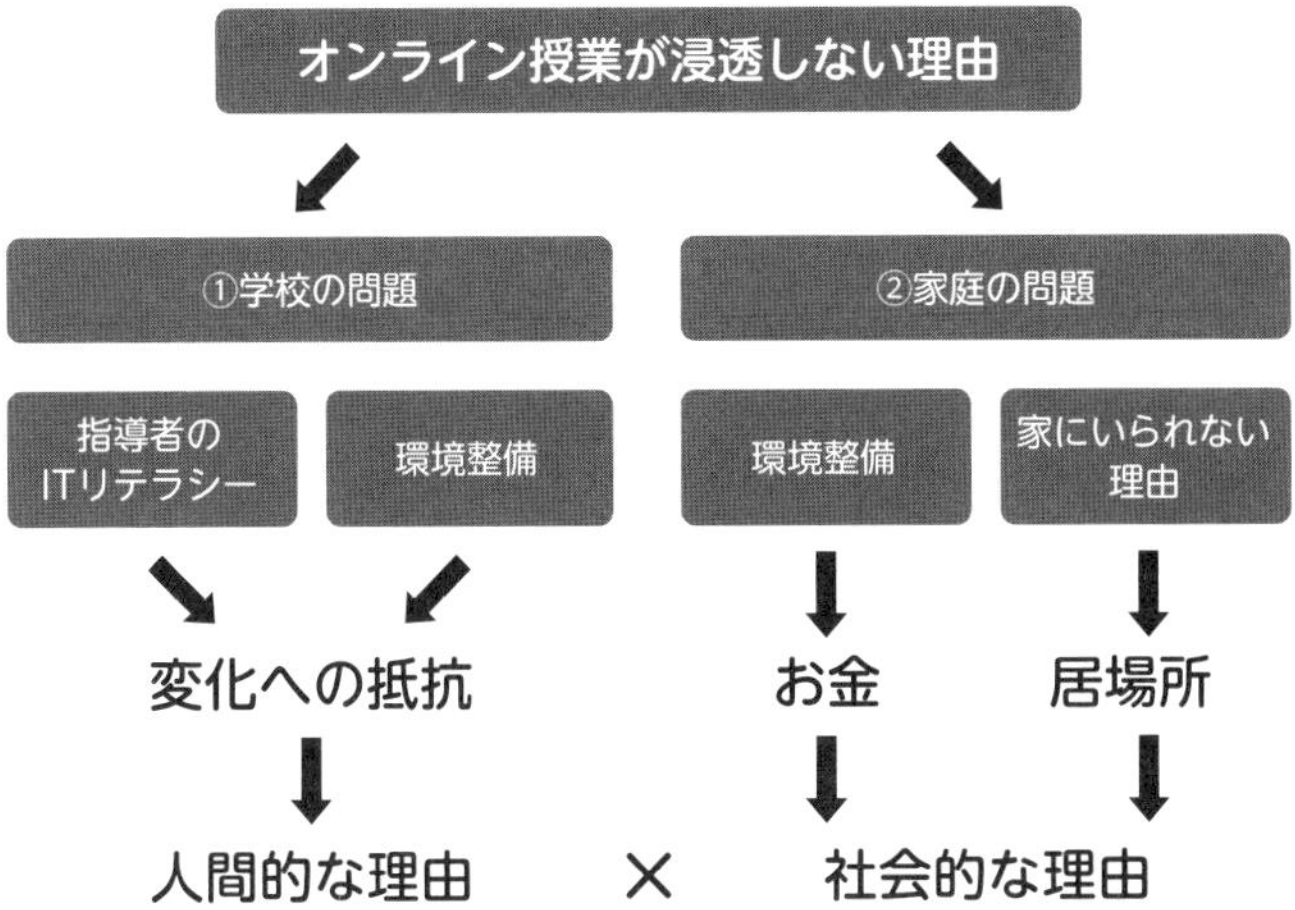

ちなみに、このように構造が把握できると、学校にオンライン授業が浸透しない理由と、企業にリモートワークが浸透しない理由が、ほぼ同じであることが説明できるかもしれません。

また、もしほかにこの構造と同じ何かがあるなら、そのときは「オンライン授業が浸透しない学校が存在することと同じですよ」と、たとえ話で説明できます。

そういえば、社会問題を評論するような著名人が、テレビなどのメディアで「この話は別の構造的な問題があるので、それを解消しないことには、いつまで経っても解決しませんよ」といった趣旨の解説（つまり説明）をするケースがあります。

これこそ、まさに物事を構造化しているからこそできる行為といえます。

一般論として、構造化できる人ほど、物事をわかりやすく説明できます。

たとえば、かつて私が、あるインタビュー（取材）を受けたときのことです。インタビューが終わった後、相手の女性がこのようなコメントを残しました。とても印象に残っています。

「深沢さんは、構造でお話をされますね。だからとてもわかりやすいです」

見事に見抜かれていました。その通りです。

構造化は、これだけで1冊の書籍が書けるほど大きなテーマゆえ、本書では巻末にそれをトレーニングできる参考図書をご紹介しておきます。訓練は必要ですが、実践すれば必ず上達します。ぜひご参照ください。

では、最後のエクササイズです。ぜひ、あなたにも実際に(!)チャレンジしていただきたいので、こちらは著者からの回答例を掲載しません。繰り返しですが、遊びだと思って楽しむことがコツです。

【エクササイズ】
「推《お》し」という言葉がすっかり日常語になった現代。ところで「推し」とは何でしょうか。「推し」を構造化してください。

アイドルグループや、リアルな恋愛を描いたバラエティー番組には、熱狂的な（時に過剰すぎる）ファンが存在します。

たとえば、最近になって誕生し、話題をさらった女性アイドルユニット「NiziU《ニジュー》」と、数年前に話題となった恋愛リアリティー番組「バチェラー・ジャパン」には、何か共通点があるでしょうか。

もし、それが説明できるなら、これらを事例にして、ヒットコンテンツが生まれるヒントを構造で語れるということになります。

「なんか、わかったかも」のメカニズム

比喩の作り方については、いったんここまでとし、続いて比喩の使い方について説明することにします。具体的には、説明のどこに比喩を配置するかを決める方法です。

あくまで私の整理ですが、じつは比喩には2種類あります。

①理解させるための比喩……主張の後に配置する
②演出としての比喩………主張の前に配置する

①は、説明の最後に配置することが一般的です。
一方の②は、説明の最初に配置します。ただし②は高度な技術であり、使う場面も限られます。実際のビジネスシーンにおいてはあまり使う必要がないので、①から先に具体例を用意して説明することにいたします。
まずは、127ページでご紹介した表現を思い出します。

「主張＝わからない」→「主張＝比喩」かつ「比喩＝わかる」→「主張＝わかる」

主張＝わからない
⬅
「主張＝比喩」（〝主張〟はまるで〝比喩〟のようだ）となるような比喩で説明
⬅

比喩＝わかる
⬅
主張＝わかる

主張をそのまま説明しても、理解してもらえない。だから比喩を説明し、理解してもらおうと試みます。この時点では、まだ相手は主張を理解していません。

しかし、あなたは「主張と比喩は同じことだよ」と補足します。すると相手は、主張も理解できたと認識します。

これは厳密にいうと、相手は主張そのものをちゃんと理解したというよりは、**主張をちゃんと理解してはいないけれども、主張を理解できた感覚になれた**というのが正確な表現でしょう。

人間のセリフで表現するなら、「なんか、わかったかも」となります。

私は、この感覚的な**「なんか、わかったかも」でも十分**だと思っています。なぜなら、比喩が「ちゃんとわかった」とするなら、それと同じ構造をしている主張も、必ず時間をかければ「ちゃんとわかった」になるはずだからです。

主張を説明される
「主張はまだわからない」
⬅
主張＝比喩となる比喩を説明される
「その比喩はわかる。そしてそれはさっきの主張と同じことを言っている」
⬅
主張の説明が感覚的にわかる
「なんか、主張もわかったかも」

そういう意味でも、**主張と比喩が同じ構造であることが、このメカニズムの肝**です。前項でお伝えした構造化が、いかに重要であるかもご納得いただけるでしょう。

配置については、主張が先で比喩は後に配置します。これが①の考え方による比喩の配置です。

具体例をあげておきます。

「この海鮮丼、とてもおいしそう！　まるで海の宝石箱みたいです！」

「ビジネスは、しっかり戦略を立ててください。それをしないなんて、まるで暗闇でボクシングをするようなものです」

原則は「主張→比喩」の形で理解してもらう

逆に②の場合について、簡単に説明しておきます。主張より前に比喩を配置するケースです。

比喩を説明される
「比喩はちゃんとわかった」
⬅

主張＝比喩となる主張を説明される
「その主張はすぐにわからない。しかし、先ほどわかった比喩と同じことを言っている」
⬅
主張の説明が感覚的にわかる
「なんか、主張もわかったかも」

もし、こちらのパターンを使うとしたら、導入であえて意外な話題からスタートすることで相手を引きつけたい、まずは聞き手の共感を得たい、どんな話が始まるのか期待を持たせたい、といった狙いがあるケースです。

大勢の聴講者が集まるセミナーや、講演会でスピーカーをする場合などは、冒頭でこのようなテクニックを使うこともあります。

具体例をあげておきます。

「それはまるで、海の宝石箱みたいでした！　さて、いったいなんのことだと思いますか。じつは海鮮丼のことなんです。とってもおいしかった」
「いきなりですが、皆さん、暗闇でボクシングをすることを想像してください。そうです。戦略を立てずに闇雲にビジネスをするって、そういうことなんです」

じつは本書においても、演出を目的に、この②の考え方で比喩を配置している箇所が一部あります。

しかし、これは本題（本来の主張）から始めない、少しばかりトリッキーな説明方法です。先述のようなショー的な要素があり、演出的な狙いが必要な限られた状況を除けば、あなたは素直に、①の考え方で比喩を配置することを推奨します。

つまり比喩は、主張の後に配置することを原則としてください。

ここまでをまとめます。

【例には2種類ある】
理解させるための例……「主張→例」の順に配置

想起させるための例……「例→主張」の順に配置

【比喩には2種類ある】
理解させるための比喩……「主張→比喩」の順に配置
演出するための比喩……「比喩→主張」の順に配置（推奨しない）

以上をまとめとして、例と比喩をどのように組み合わせて説明するのがベストなのか、次項で解説することにいたします。

それぞれ2種類ですから、単純に考えれば組み合わせは4種類ですが、「演出するための比喩」は使うことを推奨しませんので、実際にあなたが使えればいい組み合わせはたった2種類ということになります。

誰でも「感覚的にわかる説明」ができる2つの型

あなたが実際におこなう主張と例と比喩の組み合わせは、次の2通りに限定されます。

【Aパターン】
想起させるための例×理解させるための比喩
順番……例→主張→比喩
相手……「そもそも星人」

【Bパターン】
理解させるための例×理解させるための比喩
順番……主張→例→比喩
相手……「結論から星人」

さっそく具体例で比較します。具体例のテーマは「人事部は企業にとって極めて重要な機能」です。

両パターンの表記において、例には直線、主張には波線を引き、比喩には線を引いておりません。

じっくり読み進めていただき、この２パターンを比較してください。

【Ａパターン】

たとえば、会社にとって重要な資源である従業員。その採用や育成や配属は、人事部が管轄しています。

つまり、人事部は企業にとって極めて重要な機能です。

会社組織を人間の身体にたとえるなら、人事部は心臓です。採用した人間は一度、人事部が預かり、そこからさまざまな部署に配属されていきます。人間の心臓も同じ。血液が集まり、そこから身体全体に行き渡ります。企業の人事部は人間の心臓と同じ。心臓が不調だと生命に関わりますが、人事部の不調はその企業の生命に関わります。

だから、人事部は企業にとって、極めて重要な機能なのです。

【Bパターン】

人事部は企業にとって、極めて重要な機能です。

たとえば、会社にとって重要な資源である従業員。その採用や育成や配属は、人事部が管轄しています。

会社を人間の身体にたとえるなら、人事部は心臓です。採用した人間は一度、人事部が預かり、そこからさまざまな部署に配属されていきます。人間の心臓も同じ。血液が集まり、そこから身体全体に行き渡ります。企業の人事部は人間の心臓と同じ。心臓が不調だと生命に関わりますが、人事部の不調はその企業の生命に関わるのです。

だから、人事部は企業にとって、極めて重要な機能なのです。

この2つは、伝え方は違いますが、説明している内容は同じです。あなたも、この2つを「型」として持っていれば十分でしょう。

使い分けの視点は、説明する相手が「そもそも星人」なのか「結論から星人」なのかによって決めます。説明する内容は同じですから、できるだけ相手が気に入る（可能性が高い）ほうを選べばいいでしょう。

ただし、これはあくまで私の整理に過ぎません。**重要なのは、あなたが例と比喩を適切に使いこなせることです。**あなただけのオリジナルな「型」を作ってもいいでしょう。

ちなみに、以前ある研修で、参加者からこのようなご質問をいただいたことがあります。

「相手が『そもそも星人』なのか『結論から星人』なのかわからないときは、どうしたらいいのでしょうか？」

なるほど、と思いました。たしかに、そういうケースも多そうです。

結論としては、「理解させるための例×理解させるための比喩」のBパターンを選ぶほうが安全でしょうか。

そもそも説明とは、主張を理解してもらうための行為であることを考えると、やはり「理解×理解」となっているBパターンが代表格となるでしょう。

実際、私も大規模の講演会など特殊なケースを除き、もっとも多く選択する型はBパターンです。参考になれば幸いです。

これであなたは「感覚的にわかる」説明の型を身につけました。つまり本書を通じ、物事を論理的かつ感覚的に説明できるようになったということです。

それだけでも「最高」ですが、あなたにはここからさらに「史上最高」を目指していただきます。

第4章

うまい人は、始め方が違う

「説明」よりも「説明の始め方」が大事

「ワタシとあの人、いったい何が違うんだろう？」

そう思ったことはありませんか。

たとえば、オシャレに見える男性とそうでない男性では、いったい何が違うのでしょう。知人いわく、時計と靴だそうです。人間は、つい先端を見る習性があり、まさに時計と靴は、手先と足先に着けるものです。時計と靴が素敵ならオシャレに見えるという説明は、個人的には納得できます。

あなたにも、このように「いったい何が違うんだろう？」と疑問に思い、その答えを知りたいテーマがあるのではないでしょうか。

同じことをしても、バッシングされる人とされない人がいる。

同じくらい食べているのに、太る人とそうでない人がいる。

同じ年に入社したのに、明らかにビジネスパーソンとしての差がついている。

いったい何が違うのだろう。

本章では説明という行為における、この「いったい何が違うんだろう？」に答えを提示する内容になっています。

同じことを説明しても、わかりやすいと評価される人とそうでない人がいます。聞いてもらえる人と、そうでない人がいます。それはいったい、どんな違いから生まれるものなのだと思いますか。

さっそくですが、私の答えです。

説明が上手な人は、始め方が違う。

これは、私がビジネスセミナーや企業研修で、のべ１万人以上のビジネスパーソンを指導してきた経験と、インストラクターを育成する活動を通じて得た結論です。

わかりやすいと感じる説明。なるほど、面白いと感じる説明。ストレスを感じることなく、最後まで聞けた説明。これらすべて、その秘密は「始め方」にあります。

裏を返せば、いくらここまで学んだノウハウを使って説明する内容を作り上げても

「始め方」を間違えてしまうと、その魅力は激減してしまいます。

どうかここからは「説明の始め方」に敏感になってください。

「説明」の重要度は80％がこの章で占める

この「説明の始め方」を、本書では**「冒頭」**と表記することにします。

あくまで私の経験則ですが、「冒頭」の重要度は80％、それに対して残り20％が「本題」です。つまり、あなたが第2章や第3章で学んだノウハウは、なんと20％程度の重要度であるということです。

さらに、費やす時間についても言及しておきます。

「冒頭」は、まさにスタートする瞬間の行為であり、せいぜい全体の10％程度でしょう。残り90％が「本題」の時間となります。

たとえば、陸上競技の１００ｍ走。スタートという行為が、とても重要であることは素人でも想像がつくでしょう。しかし、その時間は本当に一瞬であり、残りのおよそ10

秒は、まさに走る行為をしていますそれと同じと思ってください。

最後に、説明する相手の記憶という点についても言及します。

「冒頭」は、相手の記憶に残りません。しかし「本題」は、しっかり相手に記憶として残るでしょう。あなたが１か月前に参加したセミナーの講師が、冒頭で何をしていたかなど、おそらくあなたは覚えていないはずです。

時間は一瞬。相手は、それを覚えてはいない。だから、ほとんどの人がその重要さに気づいていません。けれども、**じつは上手な人が徹底的にこだわっているポイント。それが「冒頭」**なのです。

ここまでの内容が伝わるように、数字で表現し、整理しておきます。

- **重要度…………冒頭…80％　本題…20％**
- **所要時間………冒頭…10％　本題…90％**
- **相手の記憶……冒頭…０％　本題…１００％**

ちなみに、本章はどんな「始め方」をしていたでしょうか。

本書も後半に入り、あなたも少し疲れてきた（飽きてきた？）ころかもしれません。私はある問いかけから始めました。その理由も、本章のどこかで説明することになるでしょう。以降も「冒頭」に注目して読み進めてみてください。

いきなり説明を始めてはいけない

あらためて、あなたは説明を始めるときに何をしていますか。

「配布資料がそろっているか確認する」
「水をひとくち飲んで喉をうるおす」
「（ちょっと怖いけど）相手の目を見る」
「リラックスするために深呼吸する」

もちろん、それらは大切なことです。ぜひ続けてください。でも私は、少し角度を変えてこの問いを考えてみたいのです。

おそらく多くの方が「では、始めます」といったフレーズを枕詞にして、用意した説明をいきなり始めるのではないかと想像します。できれば、その「いきなり説明を始めてしまう」というやり方を、今日から変えてみてください。

では具体的に、どう視点を変えればいいか。次の１行が答えです。

わからないことを聞く人の心理を推しはかる。

極めて当たり前のことですが、これを動作で表現している人はほとんどいません。

第１章でお伝えしたように、本書では「説明できる＝理解している」と考えます。だから、あなたがする説明の内容を、あなた自身は完璧に理解しています。

ところが相手は、その説明をはじめて聞きます。説明されるということは、理解することを期待されるということです。だから相手は「自分も説明できる状態にならなきゃ」と思って、あなたの説明を聞きます。

もちろん、そんなことに自覚的である人はほとんどいないでしょう。しかし、説明を聞く人の心理とは、本質的にはこういうことなのです。

いきなりわからないことを聞かされて、その内容を他の誰かに説明できるよう理解しなければならない。

これはとてつもなく難しいことであり、大きなプレッシャーやストレスになるはずです。あるいは「そんなのめんどくさいからいいや」と、説明を聞かないスタンスになってしまう人がいても不思議ではありません。

説明が上手な人は、このことがわかっています。だから、用意したものを伝える前にちょっとしたひと仕事をします。それは説明を聞く相手のプレッシャーやストレスを軽減します。「めんどくさいからいいや」ではなく、「そういうことならちょっと聞いてみようか」と思わせることに成功します。

結果、しっかりと相手に届けるべきものを届けることができます。

これが「冒頭」が、重要度の80％も占めるという主張の根拠です。

では説明を聞く前の相手は、いったいどんなプレッシャーやストレスを抱えているのでしょうか。

次が私の整理です。

・時間に関すること
「この話、どれくらい時間かかるんだろう……長い話はイヤだなぁ」

・内容に関すること
「この話はどんな展開で進んでいくんだろう……ついていけるか不安だなぁ」

・情報量に関すること
「一字一句、ぜんぶ聞いてぜんぶ理解するなんて無理だよ……」

・必要性に関すること
「そもそも自分はこの説明を聞く必要あるの？　自分に関係ある内容なの？」

・前提に関すること
「その話における自分と相手の前提は、ちゃんと一致しているのかな？」

・気分に関すること
「あー疲れたなぁ、めんどくせーなぁ。俺こいつ嫌いなんだよなぁ」

身に覚えのあるものが、いくつかあったのではないでしょうか。そう、これがわからないことを聞く人の心理です。この分類をもとに、具体的にどんな「冒頭」があるのかを、次項から説明していきます。もし使えると思えるものがあれば、ぜひその〝ちょっとしたひと仕事〟を、今日から実践してみてください。

相手の「つもり」をコントロールする裏ワザ

本項は時間の話です。

さっそくですが、あなたは「長い話を聞かされること」が好きですか。

おそらく、この問いにＹＥＳと答える方はいないでしょう。校長先生の朝礼での挨拶。結婚披露宴での終わらない乾杯スピーチ。はっきり申し上げて、私は不快でした。

この原稿を書いているのは、２０２１年の７月下旬です。ちょうど東京オリンピックの開会式で、某会長の挨拶が長いことが、私の周囲で（残念ながら悪い意味で）話題になっていました。いつ終わるかわからない長い話は、不快でしかありません。

いつ終わるかわからないあなたの説明を聞くことは、相手にとってとてつもないストレスである。

まずはこれを認めるところからスタートしましょう。これを認めることで、あなたの

「冒頭」は劇的に変わります。なぜなら、逆に「いつ終わるかわかればそのストレスは軽減される」からです。

ここから導かれる答えは1つ。「冒頭」でのひと仕事として、**所要時間を伝えてみてはどうか**ということです。

その効果を説明します。

たとえば、説明の冒頭で「1分だけ時間をください」と伝えれば、相手はそのつもりで聞く準備をします。「1分で終わるなら聞こうかな」「凝縮された内容なんだろうな」「じゃあ集中して聞かなきゃ」などと思ってくれるでしょう。

あるいは「10分ほどの説明になります」と伝えれば、相手はそのつもりで聞く準備をします。「ということは、いきなり重要な内容は話さないだろうな」「がんばって10分間は、集中できるように心をセットしよう」などと思ってくれるでしょう。

そして「説明には1時間ほどかかります」と伝えれば、相手はそのつもりで聞く準備をします。「長丁場だから、のんびり聞いていればいいか」などと思ってくれるでしょう。

つまり、**冒頭で所要時間を伝えることは、「どんなつもりで聞けばいいのか」を相手に伝えることになる**のです。なぜ人は長い話が不快なのかというと、自分の「つもり」より時間が長いからです。

- **1分で終わると思っていた話→実際は10分かかった→不快**
- **10分で終わると思っていた話→実際に10分かかった→不快ではない**

一般論として、説明に要する時間は短ければ短いほどいいと思います。とくにビジネスパーソンは忙しいですから、ムダなことに時間を割きたくないという気持ちはとても強いでしょう。

しかしだからといって、なんでも1分で説明しなければダメだとは思いません。現実には、10分かかるケースも1時間かかるケースもあります。重要なのは、所要時間の短さではなく、所要時間を事前に伝えているかどうかです。

参考までに、私が現場で使うフレーズをいくつかご紹介します。

「凝縮して伝えます。1分だけお時間をください。さっそくですが……」
「いまからご説明いたします。時間にしておよそ10分程度を予定します。貴重なお時間を頂戴しますが、最後までおつき合いくださいませ」
「この説明は、およそ1時間を予定しています。長丁場になりますので、お飲み物を飲みながら、姿勢も楽にしていただいて、リラックスした状態でお聞きください」

このような前置きがあるだけで、説明を聞く相手は、その「つもり」になってくださいます。

相手にどんな「つもり」になってもらうか、説明する側がコントロールできるようになりましょう。

私はこのテーマを、よく「終わる時間がわからない映画を観ることと同じ」とたとえます。あなたは「いつ終わるかわからない（そもそも興味のない）映画」を観ることはできるでしょうか。私には無理です。2時間で終わるとわかっているから、映画館に足を運び、お金を払い、安心してその映画を楽しめるのです。

そう考えると、いつ終わるかわからない説明を聞かされる人の気持ちが、とてもよくわかるのではないでしょうか。

あらかじめ「塊」だけ説明しておく

本項は大きく3つの要素で構成されています。「問題提起」「提案」「具体例」の3つです。
ではさっそく、この順序で説明していきます。

まずは、問題提起です。

あなたが何かを説明する相手は、おそらく「ついていけるか不安」「理解できるか不安」と思っています。

たとえば学校や塾という場では、生徒が先生の説明を聞く構図になっており、生徒は「ついていけるか不安」「理解できるか不安」と思っています。

あるいは、不動産、保険、投資など、少しばかり専門的な知識を要するテーマの説明。

もし、あなたがセールスマンの説明を聞く立場なら、おそらく「ついていけるか不安」「理解できるか不安」という気持ちが、心のどこかにあるのではないでしょうか。

あなたの説明を聞く相手は「理解できるかどうか」という声に出せない不安を抱えて

います。

まずは、このことを認めませんか。

では、次に提案です。

第2章において、説明は「塊」と「矢印」で作ることでわかりやすくなると提案しました。もし、そのことにご納得いただけているなら、ぜひ冒頭で、その「塊」について説明しておいてはいかがでしょう。理屈はこうです。

・説明したい本題には「塊」がある

⬇

・「塊」とは構成要素である

⬇

冒頭でどんな塊があるかを、あらかじめ説明する

⬇

相手は本題がどんな構成なのかが先にわかる

⬇

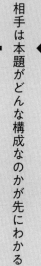

相手は構成がわかったうえで本題を聞ける
⬅
相手の理解がスムーズになる

まずは冒頭でどんな塊があるかを、あらかじめ説明してもらえると、相手は本題がどんな内容なのか、どんな展開になるのか、どんな構成なのか、ざっくりでも把握することができます。

これが相手の「ついていけるかどうか」「理解できるかどうか」という不安を解消してくれるのです。構成がわかったうえで本題を聞けるので、とても安心するでしょう。

最後に具体例です。

よくプレゼンテーションでの言い回しに「根拠は３つあります」といったものがあります。まさに、これも「塊」を先に説明している事例といえます。あらかじめ３つあると伝えられれば、聞き手は間違いなくこう思います。

「ああ、いまからこの人は、根拠を3つにわけて伝えるのね」

つまり聞き手は3つの根拠を聞く「つもり」で説明を待ちます。プレゼンターも、その「つもり」の通りに説明をしてくれます。

説明の内容が「つもり」の通りなので理解できるのです。

前項において、説明する側は、この「つもり」をコントロールすることを提案しましたが、これもまさに同じことです。

このテクニックは、じつは書籍における目次と同じ役割を果たします。

本書全体が「説明」だとするならば、各章はまさに「塊」といえます。目次で表現されていることも、まさに「いまから始まる説明は、次のような○個の章と項目（塊）で構成されていますよ」と、説明していることにほかなりません。

本項の説明は以上です。

ぜひあなたも冒頭で、本題を構成する「塊」について説明し、相手の声に出せない不安を取り除いてあげてください。

念のため、最後に一言。

本項も、まさにそのテクニックを使ったわけですが、気づいていただけましたでしょうか。冒頭の２行がある場合とない場合では、やはり読み進めるにあたりわかりやすさの違いが生まれると思うのですが、いかがでしょうか。

このような違いを生むためにも、やはり説明は「塊」で作ったほうがよさそうです。

相手は「キーワード」しか覚えていない

本項のキーワードは「キーワード」です。

あなたは自分のする説明に、キーワードを用意しているでしょうか。もちろん私も、本書においていくつかのキーワードを用意しています。代表的なものをあげます。

- **史上最高**
- **中学生**

・1-1-3
・一言・一行・一分
・そもそも星人・結論から星人
・構造化

説明におけるキーワードとは、それさえ記憶に留めておけば、重要なところはほぼ認識できたことを意味する言葉です。

当然ですが、あなたは本書の内容を一字一句、すべて覚えて理解することは不可能です。だから私は「ここだけは理解してね」というポイントを、できるだけ記憶に残るような表現に言語化して説明に使っています。

ですから、私も（正直に申し上げれば）これらのキーワードさえ覚えていてくれるのなら、ほかの内容は忘れてしまっても構わないと思っています。

「中学生」というキーワードさえ覚えておいていただければ、あなたの説明はきっと丁寧でわかりやすくなるでしょう。「1-1-3」というキーワードさえ覚えておいていただければ、あなたは3つの要素で説明しようとしてくれるでしょう。

すべて理解してもらう必要はない。キーワードだけその相手に残ればいい。

そのように考えることで、次のようなメリットが生まれます。

- **その説明する内容の何がポイントなのかを、自身で考えることができる**
- **結果的に、その重要なポイントが相手に伝わりやすくなる**

双方にとっていいことばかりです。ぜひ実践してみてください。

ちなみに、もしあなたのする説明にキーワードが存在するなら、できるだけ冒頭で、それを伝えることを推奨します。理由を説明します。

たとえば、書籍であれば太字にしたり傍線を引いたりすることで、「これがキーワードですよ」というメッセージが一瞬で伝わります。しかし、口頭で説明する場合は、この太字や傍線にあたる機能がありません。だからもし、**あなたがするその説明にキーワードがあるなら、それは冒頭で先に伝えてしまうほうがいい**のです。

これは、とくに長い時間を要する説明をしなければならないケースほど有効です。このワードが出てきたら、重要なポイントだと思って聞いてくださると嬉しいです。では本題に入りましょう。まずは……」

「いまからする説明には、キーワードが2つあります。〝協調性〟と〝継続性〟です。

「弊社の概要説明を始めるにあたり、先にキーワードを2つご紹介しておきます。〝未来型思考〟と〝5つの約束〟です。当社が極めて大切にしている考え方です。途中で何度か登場すると思いますので、ぜひその言葉の意味を理解することを意識して聞いてほしいと思います。では始めましょう。まずは……」

このように、先にキーワードを伝えることで、相手はその説明をどういう「つもり」で聞けばいいのかがわかります。

情報量の多い説明や長時間の説明を聞かなければならない状況では、相手に「一字一句、ぜんぶ聞いてぜんぶ理解するなんて無理！」というプレッシャーが生まれます。

そんなときに、**あなたから「ぜんぶ理解する必要はない。キーワードだけ拾って理解を**

してください」という趣旨のメッセージがあったら、相手はとても安心するのではないでしょうか。これもまさにちょっとしたひと仕事。やさしいですね。

なお、何をキーワードにしたらいいかわからないと感じる方は、次のように考えてみてください。

あなたの説明を聞き終わった方に、「いまの話において最重要と思われる言葉を選ぶとしたら？」と、尋ねることを想像してください。あなたのほしい答えが、まさにキーワード。つまり、それさえ記憶に留めておけば、説明の重要なところはほぼ認識できたことを意味する言葉です。

「その説明を聞く必要がある？」に答えているか

本項は、とくに重要です。たとえば「そもそも相手がちゃんと説明を聞いてくれない」といった課題を持っている方は必読です。

私が会社員だったころの話です。

とにかく社内での会議が多い時期がありました。いろんな会議に招集されるたびに、私は心の中で「その会議、私が参加する必要がありますか？」と思ったものです。

しかし、ちゃんと事前に必要性を説明してくださる会議は、納得して参加することができました。**この「そもそも必要？」という問いの正体は、「本来は必要ないものに時間を取られるのはイヤだな」という不安です。**

あなたは「自分が聞く必要のない話」を、わざわざ聞きたいと思うでしょうか。思わないはずです。聞く必要がないのですから。

たとえば、大学生が講義に参加しているとします。その内容が「自分が聞く必要がある」と思っている学生は聞きますが、そうでない学生は聞いていません。

しかし、この当たり前のことを、いざ自分が誰かに説明する側になった途端に、忘れてしまうことはないでしょうか。もし、少しでも心当たりがある方は、**ぜひ冒頭で、相手がその説明を聞く必要性を伝えて**ください。

たとえば、このような言い回しがあるでしょう。あなたのする説明が相手にとって重要であることが伝わるなら、表現はなんでもいいと思います。

「今回の説明会は、**○○大学に興味を持っている受験生と保護者にとっては、とくに重要なご案内になる**かと思います」

「新規事業の進捗《しんちょく》について説明します。**当社にとって一大プロジェクトであり、各部署の既存の業務にも大きく関わります。**ゆえに、経営層ならびに各部署の部長の皆様にお集まりいただいた次第です」

「ちょっといいかしら。**私たち家族にとって、とても重要な話なの**」

「**はい、４年生のみんな～！**　明日の遠足について大事なお知らせだよ～！」

冒頭で、必要性を伝えることのお手本が、テレビなどの通販番組です。

通販番組では、いきなり商品説明をしません。まずはどういう人に向けてのプレゼンテーションなのか、そしてなぜ観る価値があるのかを伝えています。

たとえば、カーペットについたシミを除去する薬剤を、通販で売るとします。

ここでいきなり、薬剤の成分やスペックを説明したりはしません。唐突にそのような説明をされても、視聴者側は「なんでそんな説明を聞かなきゃ（観なきゃ）いけないの？」と思うだけだからです。

そこで番組では、次のような流れでプレゼンテーションをします。

①訴えかけ

「このようなシミがついて困ったことはありませんか？」

「飲み物や食べ物をついこぼしてしまうことありますよね？」

⬇

②視聴者の感情

「あるある」

「ちょうど困っているのよ」

「それ私だわ」

⬇

③提案
「じつはそんなときに役立つ、いまアメリカで話題沸騰の〇〇〇をご紹介！」

⬇
④視聴者の感情
「これはちょっと聞かなきゃ」

「これ私に関係あるわ」


これこそ、まさに冒頭での仕事です。

つまり、**本項の内容を極めてカジュアルに表現するなら、「説明は通販番組のように始めましょう」**となります。

あなたは、相手に必要だと思って、その説明を用意しています。しかし残念ながら、相手はその説明を聞く必要があるとは思っていないかもしれません。

思っていない人に、いくらわかりやすく丁寧に説明しても、期待する結果は得られないでしょう。もったいないですよね。

うまい人は、まず必要性を伝えています。

Check

デキる人っぽく見える「前提の確認」

仕事がデキる人っぽく見せる裏ワザ、知りたいとは思いませんか?

本項は、そんな話です。

一般論ですが、説明する人とその相手とのあいだで、そもそもの前提が違っているとうまくいきません。

たとえば、予備知識がどこまで必要かという視点があります。もし、あなたがある分野のかなり専門的な内容を説明するとしたら、その相手にも当然ながら(ある程度の)専門知識がないといけないのではないでしょうか。

その前提条件を満たしていない状態では、いくらあなたが説明しても、それは正しく伝わらないでしょう。

たとえば、ある50代のベテランと思われるビジネスパーソンが、自分がいる会社の魅力を説明するとします。ところが、その説明がたどたどしく、あまり会社のことを理解していないように感じ取れました。

もし、あなたがこの人物を「イマイチな人」と思うとしたら、それはこの人物が、社歴が長く、経験も豊富なベテラン社員という前提で、その説明を聞いたからではないでしょうか。

しかし、もしこの人物が、３日前に入社したばかりだとしたら、そして説明を聞く前にその事実をわかっていたら、あなたの「イマイチな人」というその評価は変わるかもしれません。

前提が共有できていない相手に説明しても、それは正しく伝わらない。

このことを認めると、**説明を聞く相手には「そもそも、相手と自分の前提はそろっているのかな？　共通認識できているのかな？」という不安がある**ことが理解できるはずです。ならば、あなたが「冒頭」ですることは明らかです。前提を共有し、理解していることを確認してから説明を始めるのです。

実際には、次のようなポイントを確認してから、説明を始めるのがいいでしょう。具体的な言い回しも紹介します。

・予備知識はどこまで必要か？
「本題に入る前に確認です。内容的に、かなり専門的な知識と用語が登場します。お聞きになる皆様は、ビジネス数学検定２級以上の合格、ならびに事前にご紹介した参考図書２冊を完読していることが前提です。ＯＫであれば、いまからの説明に知らない言葉は登場しませんし、ちゃんとご理解いただける内容になっています。では、さっそく本題に入りましょう。まずは……」

・目的は何か？
「念のため確認です。このプレゼンテーションの目的は、メンバーの皆様とヴィジョンを共有することです。議論や意思決定を目的にした場ではありませんので、それを前提にお聞きください。では始めます。まずは……」

・説明で使う表現の定義は一致しているか？
「ご説明の前に、用語の定義を確認します。本編で〝生産性〟という言葉を使いますが、私はこれを〝コストあたりの収益〟という意味で使います。この場での定義が違っているとコミュニケーションが成立しませんので、ここでは〝生産性〟という言葉をそのように変換して聞いてくださると幸いです。お待たせしました。そろそろ本題に入りましょう。まずは……」

このように前提を確認し、しっかりと統一を図ったうえで本題に入るほうが、双方にとってメリットがあると思います。

何より、説明を聞く側がどういう「つもり」で聞けばいいのかが明確になり、かつ双方に致命的な認識のズレがないことも確認できるので安心するでしょう。

最後に、余談を２つほど。

これもまた経験則ですが、ビジネスで成果をあげている優秀な人ほど、このように前提を気にする傾向があります。自分と相手とで、そもそもの前提が一致していなければ意思疎通はできませんし、議論も噛み合いません。おそらく、そのことを熟知しているのでしょう。

もうひとつ。ある企業研修でお会いした方が、この話題を聞いて漏らした感想が秀逸だったのでご紹介しておきます。

「説明を始める前に前提の確認。なんかデキる人っぽく見えていいっすね」

まったく聞く気がない人を振り向かせる2つの秘策

冒頭でのテクニック、これが最後のご紹介です。2分で読めて、2つのヒントが手に入ります。さっそく本題に入りましょう。

「そもそも、疲れているので聞きたくない」

「ぶっちゃけ、めんどくさいから聞きたくない」
「正直、あなたのこと嫌いなんで聞きたくない」

このように、理屈抜きにイヤだと思われている相手に、説明をしなければならない場面もあるでしょう。難易度としては最上級です。しかし、こんな場面であっても、どうかぜひ「相手のストレス」を最優先に考えられるようになってください。

もはや、そのストレスの理由や内容は関係ありません。とにかく相手は、あなたの説明を聞くのがイヤだと思っています。つまり不快なのです。

ならば、**あなたがまずしなければならないことは、その不快を取り除くことです。正確に言うなら、不快を忘れさせるの**です。

具体的な方法を２つご紹介します。

①質問する

冒頭で、まずは問いかけをしてみてください。本題の導入になるもので、相手が興味を持ちそうなテーマが理想です。

私が登壇する企業研修では、「参加したくない人」が参加者のほとんどを占める案件も多くあります。会社の経営層や人事部から命令されて、仕方なく参加するケースです。当然ながら、参加者のスタンスは「ぶっちゃけ、めんどくさいから聞きたくない」です。

私は、このような場では「始め方」を通常とは変えます。具体的には、問いかけから始めるようにしています。

「いきなりですが、好きな言葉はなんですか？」
「ところで、最近いいことありましたか？」
「ぶっちゃけ、仕事でどんなときにストレスを感じる？」
「ハンバーグって、なんでおいしいんでしょうね？」

いきなり本題（つまり説明）に入っても、参加者は無視します。だから、無視できないようなコミュニケーションから始めるのです。

研修講師としての細かいテクニックはここでは論じませんが、このような問いかけをきっかけに、説明を聞くスタンスになってくださるケースは多々あります。

気づけば説明を聞いてくれる姿勢になっている。これはつまり、不快を忘れさせることに成功したことにほかなりません。

その効果かはわかりませんが、研修の終了後に彼らは「参加してよかったです」と感想を述べてくれました。

②メリットを示す

不快を忘れさせる最強の方法があります。それを上回る快楽（それが得られる予感）を提供することです。

たとえば、私がかつて登壇したある大学での講義のことです。それは、お金をテーマに、さまざまな計算手法や数学的思考を説明しなければならない講義でした。ところが、数人の学生は、まったく興味を示さずほぼ昼寝状態。

そこで私は「社会人になって１億円稼ぎたいとは思わない？」と、彼らに問いかけました。すぐに身体を起こし、力のある眼差しで私を見つめます。

「１億円稼ぐために必要なことを知りたいか？」と尋ねると彼らは頷きます。この会話をきっかけに、学生たちは授業に参加するようになりました。

授業後、学生たちは「意外に面白かったっす」と感想を残してくださいました。

理屈抜きにイヤだと思われている相手に説明をしなければならないケースでは、この方法が最後の砦です。

人間は嫌いな相手からでも、快楽が得られる内容であれば、それは聞きたいと思うものです。

最初は聞く気がなかった人が、最後には「面白かった」と感想を述べることも起こり得ます。だから、あきらめてはいけません。

最後に、エクササイズをご用意しました。必要な方は挑戦してみてください。いざその相手に説明するときに必ず役立つでしょう。

【エクササイズ】

あなたの説明を聞くことを（理屈抜きに）イヤがるであろう相手を具体的に設定し、冒頭で伝えることを考えてみてください。

Ｑ１　どんな問いかけをすることが有効か？
Ｑ２　どんなメリットの提示をすることが有効か？

説明よりも相手の心理を優先させよう

説明がうまい人は、始め方が違う。

そんなコンセプトで、ちょっとしたテクニックをご紹介してきました。しかし、始め方そのものはあまり重要ではありません。

始め方に意図があるかどうかが重要です。

私は仕事柄、これから講師の仕事を目指す人の「実演」を拝見することがあります。

もちろん、彼らはまだ講師の卵ですから、上手に実演することなどできません。それは当然のことであり、その上手・下手は問題ではありません。

しかし、ある点に注目することで、その人が講師としての資質があるかどうかがわかります。

ある点とは「始め方に意図があるかどうか」です。

いきなり（機械的に）自分の用意した説明をせず、**本章でご紹介したような意図のある始め方ができる人は、自分の用意した説明をするよりも、大事にしている何かがあるということ**になります。

それは、説明する相手の心理を気にしているということの証です。どういう「つもり」で説明を聞いてもらうことが相手にとってベストか、意識してそれを調整しようとしているのです。

自分本位ではなく、相手本位なことの表れといえます。相手のストレスや不安をわかってあげている。配慮している。とてもやさしいですね。

そのやさしさは、ほかの誰でもない、まさにその説明を聞く人が敏感に感じ取ります。**人間は感情の生き物です。誰だって、やさしい人の話を聞きたいと思うものでしょう。**

講師という仕事は、用意した説明を聞いてもらえなければ成立しない仕事です。だから「最初にすることに意図があるかどうか」を見れば、その人がプロの講師として活躍できるかどうかが、ほぼわかってしまうのです。

あなたはおそらく、プロの講師を目指す人ではないでしょう。しかし、大切なことは同じです。本章の内容は、決して小手先のテクニックを集めたものではありません。説明がうまい人の、誰にも気づかれない、でも本質が詰まった、心構えの話です。

ぜひ、明日から「冒頭」を変えてみてください。**正確には心構えを変えてみてください。**必ず違いを実感できる瞬間があります。

「はじめに」には何が書かれていたか

ところで、本書にも「冒頭」が存在しました。そうです。「はじめに」が、まさにその役割を果たしています。もしよかったら「はじめに」を読み返してみてください。本章のエッセンスが詰まっていることがわかるでしょう。

いきなり**「史上最高にわかりやすい」**という言葉から始めたのは、あなたに「史上最高」

というキーワードを心に残していただきたかったからです。

なぜ私が著者なのかを、自己紹介も交えながら丁寧に説明することで、あなたに本書を読んでいただく必要性を丁寧に説明しました。

さらに私は、**「断言します。説明は必ずうまくできるようになります」**という強い言葉を残しています。はっきりメリットを提示し、あなたの不安を解消したいと思ったからです。そして、必ずうまくなる「つもり」で本書を読んでもらいたかったからです。

おそらく、この「はじめに」を読むことで本書を読んでみようと決めた方もいらっしゃることでしょう。もし、この「はじめに」がなければ、あなたは本書を読んでくださらなかったかもしれません。**それほどに「はじめに」は重要です。**

さらにあなたは、本編のキーワードはずっと覚えてくださっても、きっと「はじめに」の内容などすぐに忘れてしまうでしょう。

だからこの数字は、おそらく真実です。

・重要度……………冒頭…80%　本題…20%

・**所要時間………冒頭…10%　本題…90%**
・**相手の記憶……冒頭…0%　本題…100%**

同じことを説明しても、わかりやすいと評価される人と、そうでない人がいます。聞いてもらえる人とそうでない人がいます。それはいったい、どんな違いから生まれるものなのか。

もう、あなたには伝わったと思います。

第5章

説明するって、面白いかも

「面白い」という感情は最強である

私は本書のゴールを、「説明することって面白い」と感じてもらうことにしたいと思っています。あなたが、もしそう思えるようになれたら、間違いなく上達するからです。たとえば、写真を撮ることが面白いと感じた人は、間違いなくカメラの扱いが上達するでしょう。あるいは「料理って面白い」と思えた人は、もしかしたらさまざまなオリジナルレシピを生み出し、それをブログや動画で公開して注目を浴びる存在になるかもしれません。

「面白い」という感情は最強です。それは強いエネルギーを生み、人を夢中にさせます。一方で「つまらない」「苦痛」という感情は最悪です。確実に、あなたをその行為から遠ざけるでしょう。

もちろん、面白いと思えないものを、無理やり面白いと思ってほしいと申し上げているわけではありません。ただ、それでも私は、あなたに「説明することって面白い」と感じてもらえたら嬉しいです。

そのために、本章では、ここまで学んだことを実践してみる章にします。

あなたは、本書をここまで読んでくださり、「史上最高にわかりやすい説明」の秘訣を理解しました。しかしご存じのように、知っていることとできることは、天地ほど違います。

やはり最後は、さまざまなテーマで実践し、身体に覚えてもらいます。


説明するって、面白いかも。


あなたが自然にそう思える瞬間が生まれることを期待して、私は本章をご案内してまいります。

次項から、５つほどエクササイズを提案してまいります。少しずつレベルを上げていき、最後まで楽しんでもらえるように進めます。

私の回答を流し読みして終わってしまうのはとてももったいないです。ぜひ、紙とペンをご用意いただき、コーヒーを相棒に楽しんでみてください。

では、さっそくまいりましょう。

Check

レベル1　あなたの自己紹介をリニューアルせよ

【エクササイズ　レベル1】
あなたの自己紹介をお願いします。
ただし、1分間で話せる内容にしてください。

自己紹介とは、まさに自分自身を誰かに説明することにほかなりません。あなたのことは、あなた自身がもっともよくわかっているはずです。ならば、より伝わる、魅力的な自己紹介を、この機会に考えてみてはいかがでしょう。

新しいバイト先での初日の挨拶で。
素敵な出会いを少しばかり期待する食事会で。
パーティで突然スピーチを振られたときに。

これからも生きている限り、あなたは自己紹介という行為から避けて通れません。

せっかくなら、「いいね♪」「もっと聞かせて♡」と、好反応がもらえるものにしませんか。

私の回答は次の通りです。


ビジネス数学教育家・深沢真太郎です。

１分間で自己紹介させてください。数字に強い人材・組織を作る専門家として活動しています。

私の仕事は大きく３つあります。教える。広める。育てる。それぞれ簡単に説明します。

まず「教える」とは、大手企業やトップアスリートなどの教育研修に、講師として登壇すること。数学的な思考やコミュニケーションが、いかに成果を高めるかを伝えています。

次に「広める」とは、広報活動のことです。テレビ番組の監修、ラジオ番組のパーソナリティ、ビジネス誌への寄稿、著書の出版などを通じて、私の提唱するビジネス数学を多くの人に知ってもらう活動です。

最後に「育てる」とは、私と同じような活動ができるインストラクターを育成することです。日本のさまざまな企業や学校に、ひとりずつでいいのでビジネス数学を指導できる教育者がいたら、豊かなビジネスパーソンが増えるのではと思っています。

以上、「教える」「広める」「育てる」の3つを柱に教育活動をしております。

長時間にわたる自己紹介、嫌われますよね。

幸い1分間で説明しなければならないという条件があったので、私は迷わず「1-1-3」を使ってまとめました。

冒頭の「1分間で自己紹介させてください」というフレーズは、第4章でご紹介した考え方を使っています。

さらに冒頭で、所要時間と「塊」の数を伝えることで、あらかじめ聞き手に「1分くらいで終わるんだ」「3つ話すのね」と伝わり、その「つもり」で聞いてくださるでしょう。

余談ですが、この自己紹介は、実際に研修の現場でしたことが何度もあります。講師という職業をしていると、つい（悪気なく）自己紹介などで経歴や実績の自慢、つまり過去のことばかり話してしまうものです。

これは経験上、あまりいい反応は得られません。

むしろ私は、**自己紹介ではできるだけ、現在や未来のことを話す**ようにしています。

いま何をしているのか。これからどうなる予定なのか。これから何をしていくつもりなのか。そちらを自己紹介でお話しするほうが、相手がちゃんと聞いてくださっている感覚があります。

自己紹介は、短い時間であることも大事ですが、相手が好む内容を選ぶこともさらに大事です。「もっと聞きたい」と思われるくらいでちょうどいいのでしょう。

◉ 絵14

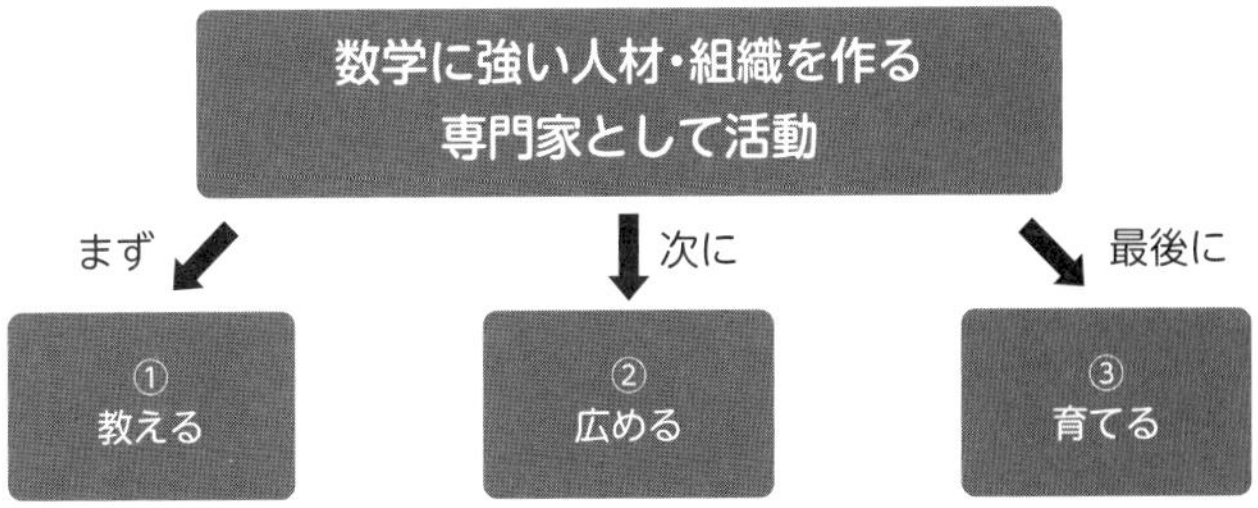

Check

レベル2　志望理由をどう説明する？

【エクササイズ　レベル2】

あなたが学生ならば、進路として希望する先（企業、団体、学校など）を1つ設定してください。その採用面接において、志望理由をどのように説明しますか。

あなたがビジネスパーソンの場合は、転職活動あるいは何かのオーディションなど、現実的に考えることができそうなテーマ設定をしてください。


人生において、**自己紹介と同じくらい、この「志望理由」を説明する行為も大切**ではないでしょうか。それは少なからず、自分の人生の中で勝負どころになる可能性もあるでしょう。練習を兼ねて、いまから考えておくことも悪くないと思います。

ちなみに私は、仮に「世界プロ講師オーディション」なるものがあったとして、そこでどんな志望理由を述べるかを考えてみました。このようなテーマ設定をすると、あら

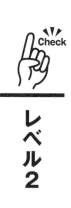

ためて自分は何を大事にして仕事をしているのかが言語化できます。

率直に、私はこのエクササイズを自らやってみてよかったと思いました。


「世界プロ講師オーディション」への志望理由を説明いたします。

キーワードが２つあります。「成長」と「比較」です。この言葉が出てきたときは、きっと私のコアな部分を表現しているはずです。そのようなつもりで聞いていただけると嬉しいです。

私が講師の仕事をしている理由は、人間にとって教えるという行為は、最強の成長法だと思っているからです。

ご存じの通り、知っていることとそれを教えられることとは天地ほど違います。教えるためには誰よりも多く、深く、そのテーマを学ばないといけません。だから、教えるという行為を自分に課すことは、必然的に誰よりも学ぶことにつながり、結果として自分が大きく成長します。

もちろん、教える相手も学び、そして成長します。自分と自分が大切に思っている人の双方が成長できる。これって、とても尊いことだと思っています。

だから、世界中にいる同じような尊い活動をしている人たちに会ってみたかった。仲間がいることを実感したかった。これが理由の1つです。

さらに、その人たちと自分とを忖度《そんたく》なく比較してみたかったことも理由の1つです。比較するという行為は発展を促します。

たとえば、ビジネスと数字の関係。数字は比較するときにとても便利なツールです。「うまく儲けているかどうか」というテーマも、営業利益率という数字で比較し、評価ができます。

数字という比較するためのツールがあるから、ビジネスは維持ができるし、発展もできるのです。

同じように、講師という仕事においても、比較するツールがあることはいいことだと思っています。比較するツールがあるから、さらなる発展がある。そう考えた結果、自分は講師という仕事において、いま自分がどの位置にいるのか、はっきりさせてみたい衝動に駆られました。

これが2つ目の理由です。

少しばかり冗長になりそうな内容なので、冒頭でキーワードを２つ提示しました。

こうしておけば、必然的に説明の「塊」も２つあるということを想起させることができます。

実際に説明に使った「塊」と「矢印」は絵15の通りです。

「ビジネスと数字」という例を使いながら、比較することで発展できるというメッセージに、具体性と説得力を持たせました。

◉絵15

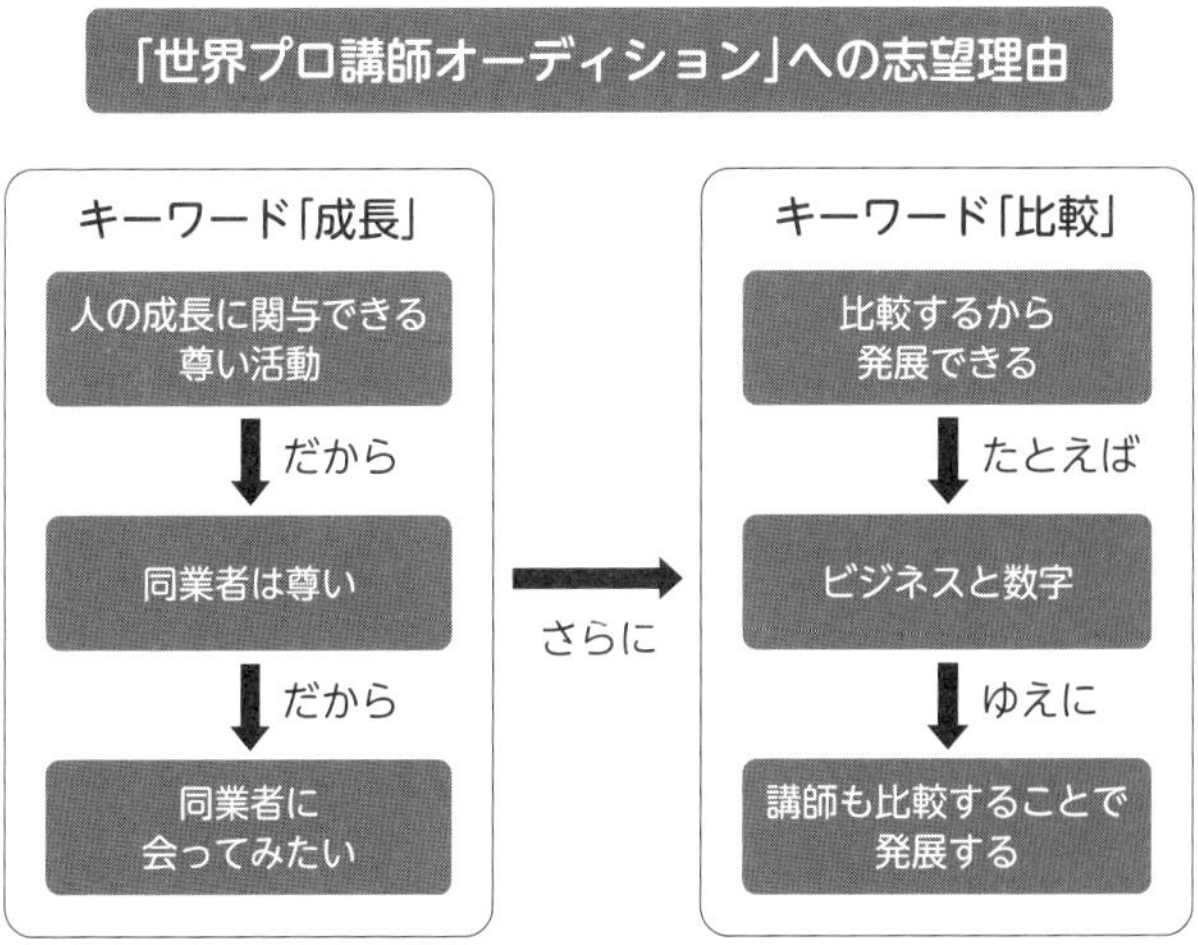

レベル3　あの人が好きな理由を説明せよ

【エクササイズ　レベル3】

いまあなたが好きな（嫌いな）人を、ひとり思い浮かべてください。その人が好きな（嫌いな）理由を論理的に、中学生でもわかるように説明してください。感情的な言葉や「なんとなく」という理由でまとめることは禁止です。

人間ですから、誰しも好きな（嫌いな）人のひとりやふたりはいることでしょう。

「なんだろう……イラッとさせる何かがあるんですよね～」

「ぶっちゃけタイプだから♡」

このような説明は、とても人間らしくて好きですが、一方で「説明になっていない説明」とも言えます。**このようなつい「なんとなく」で済ませてしまいそうなテーマこそ、しっかり言語化して説明できるようになりませんか。**

私はあえて嫌いな人をテーマに、実際に中学校の教室で、中学生に向けて説明することを想定したものを考えました。言葉づかいが10代向けになっています。

ところで、皆さんは嫌いな人いますか？

正直に言います。私はいます。それをAさんとします。嫌いな理由をここだけで話します。

じつは、Aさんとは会ったことはありません。そもそも名前も知りません。ひとりではなくおそらく何人もいます。ちょっと意味がわからないかな。

Aさんはインターネットにおいて、匿名《とくめい》で他人の悪口を書き込む人です。「誹謗《ひぼう》中傷《ちゅうしょう》」って聞いたことあるでしょう。

私もインターネットは利用するけれど、ちゃんと名前や職業や所在を明らかにして情報を発信しています。大人として、責任を持った人でありたいからです。

でも、このAさんは、名前や職業や所在はまったく明らかにせず、他人の悪口を書き込む人です。

おそらく、どこの誰かわからないし、どうせバレないし、自分は攻撃されないとわかっているからできるのでしょう。何か言いたいことがあるなら直接言えばいいのに、それはしないで物陰から平気で石を投げてくるような行為だよね。


皆さんも想像してみてください。

これって、「いじめ」と同じようなものだと思いませんか。絶対に先生や親にバラさない子を選んで、いじめるような卑怯な行為と同じなんです。

何か言いたいことがあるなら、満たされない気持ちがあるなら、卑怯な方法でそれを解消しようとしてはいけない。きっと皆さんもわかるよね。もちろん、皆さんの学校にはこんな人はいないだろうけど。

じつは私も、Aさんにイヤな言葉をぶつけられたりしたことがあります。とてもイヤな気分になるんです。

だから、私はAさんが嫌いなんです。伝わったかな?

中学生にでもなれば、嫌いな人のひとりやふたりはいるでしょうから、まずは冒頭で問いかけからスタートし、自分に関係ある話だと感じてもらうところからスタートしました。

論理を作る「塊」は大きく4つ。2番目の塊においてインターネットの誹謗中傷といじめが同じ構造をしていると説明し、比喩を使って中学生でも感覚的にわかるように説明しました。

◉絵16

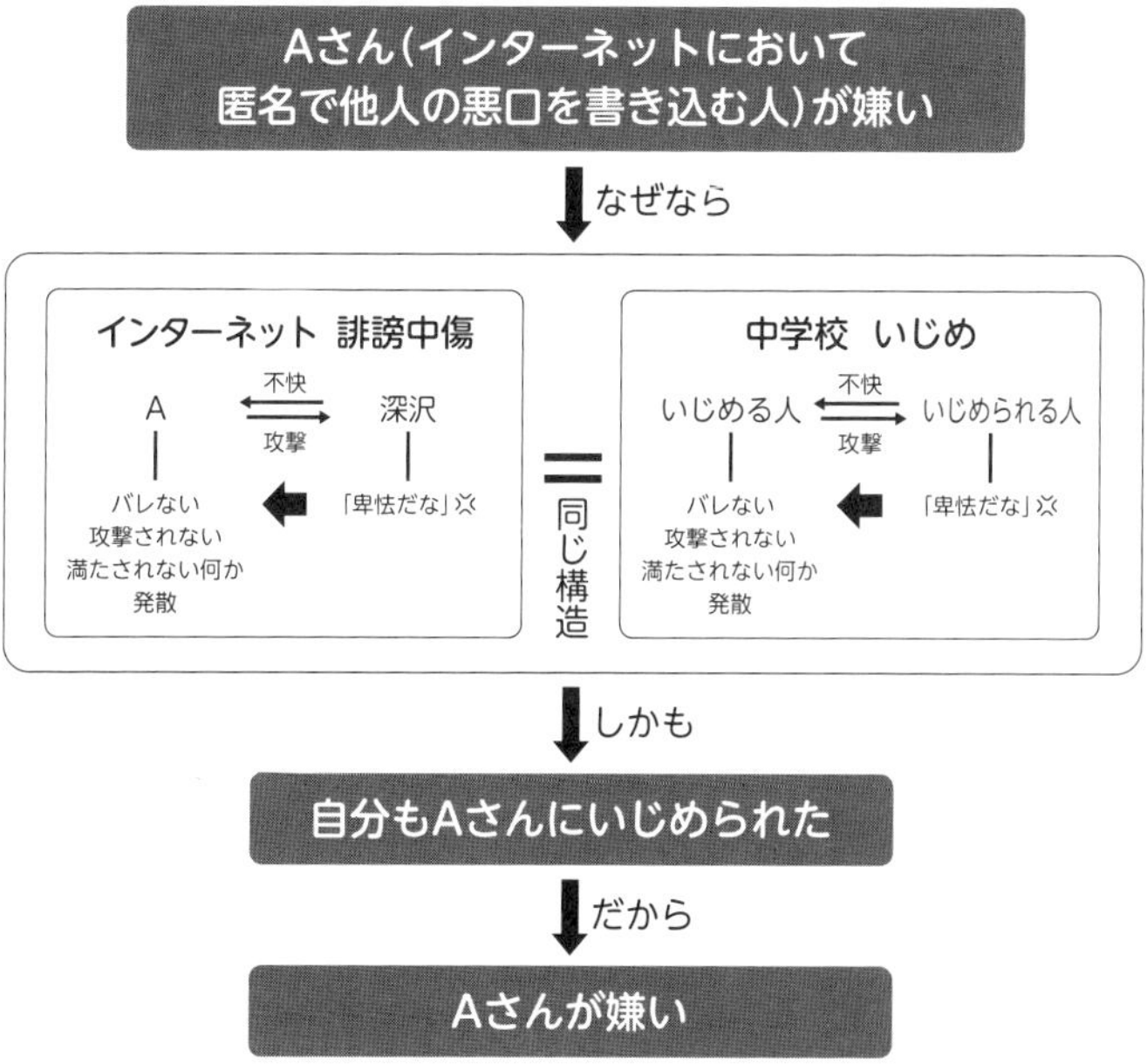

あなたは、ぜひ「好きな人」をテーマにして、楽しくチャレンジしてください。

レベル4　90歳の人に「TikTok」とは何かを説明せよ

【エクササイズ　レベル4】
90歳の人に「TikTok（ティックトック）」とは何かを説明してください。

若者を中心に爆発的な人気を得たビデオプラットフォーム。その一般的な説明は、このようなものです。

「TikTok（ティックトック、中国語：抖音短視頻《ドゥインドゥアンシーピン》）は、中華人民共和国のByteDance社が開発運営しているケータイ向けショートビデオプラットフォーム。音符状のロゴは『抖音』の拼音表記《ピンイン》〝Dǒuyīn〟の頭文字〝D〟に由来する。」

この説明では、90歳の方ではピンとこないでしょう。おそらく、プラットフォームという言葉もご存じありません。

つまり「読めばわかります」は通用しません。

さて、いったいどのようにして説明しましょう。

難易度の高いテーマですが、このようなテーマでも、しっかり説明できるようになることは、ビジネスなどにおいて、専門的な内容を素人にわかりやすく説明できるようになることに直結します。

どうかあなたは、TikTokを知らない人をバカにするのではなく、知らない人でもわかるように説明できる人になりましょう。

私も90歳の女性を相手に設定して考えてみました。ですから、それを前提にした言葉づかいになっています。おそらく極めて丁寧に、ゆっくり過ぎるほどにゆっくりと伝えることでしょう。

おばあちゃん、こんにちは。

ところで、〝動くアルバム〟ってご存じですか？

おばあちゃん、これまで撮ったいろんな写真、アルバムにまとめているでしょ？

お孫さんと撮ったり、旅行に行ったときに撮ったり。きっと近所にいるお友だちも、みんなそういう自分のアルバムを持っていますよね。

いま若い人たちはね、そんな自分のアルバムを、世界中の人に見せることを楽しんでいるんですよ。しかもね、そのアルバムは写真じゃなくて、テレビみたいに声が出せて動くんですよ。

みんな、この〝動くアルバム〟を携帯電話の中に入れて持っていて、いろんな人に見せることを楽しんでいるんです。

たとえば「いま元気だよ～」とか、「おいしいもの食べたよ～」とか、「旅行に行ってきたよ～」みたいなことが、いつでもテレビみたいにお友だちに見せることができるし、おばあちゃんもお友だちのを観ることができるんです。

さらにね、もっとすごいことがあるんです。おばあちゃんが、これまで観ていたテレビ番組って、テレビ局の人が作っていたでしょう？

でも、この〝動くアルバム〟は、自分の番組を自分で作ることができるんです。ちょっと顔を綺麗にしたり、面白い装飾をしたり、音楽も流せたり、とっても楽しいんですよ。

おばあちゃんが知っている写真のアルバムって、眺めるとその人のことがとてもよくわかりますよね。それと同じように、この〝動くアルバム〟も、観ているとその人のことがとてもよくわかるんです。

名前はTikTok（ティックトック）って呼びます。

もしよかったら、ちょっと観てみませんか？


相手は90歳の方ですので、おそらくビジネスパーソンではないでしょう。端的に結論から説明をする必要はないと考えます。

また、「TikTokを、業界用語でちゃんと理解するのは困難と考え、「なんとなくわかった」状態、つまり感覚的にわかった状態を目指すことにします。

こんなときに有効なのが、例（Example）と比喩（Metaphor）でした。

◉絵17

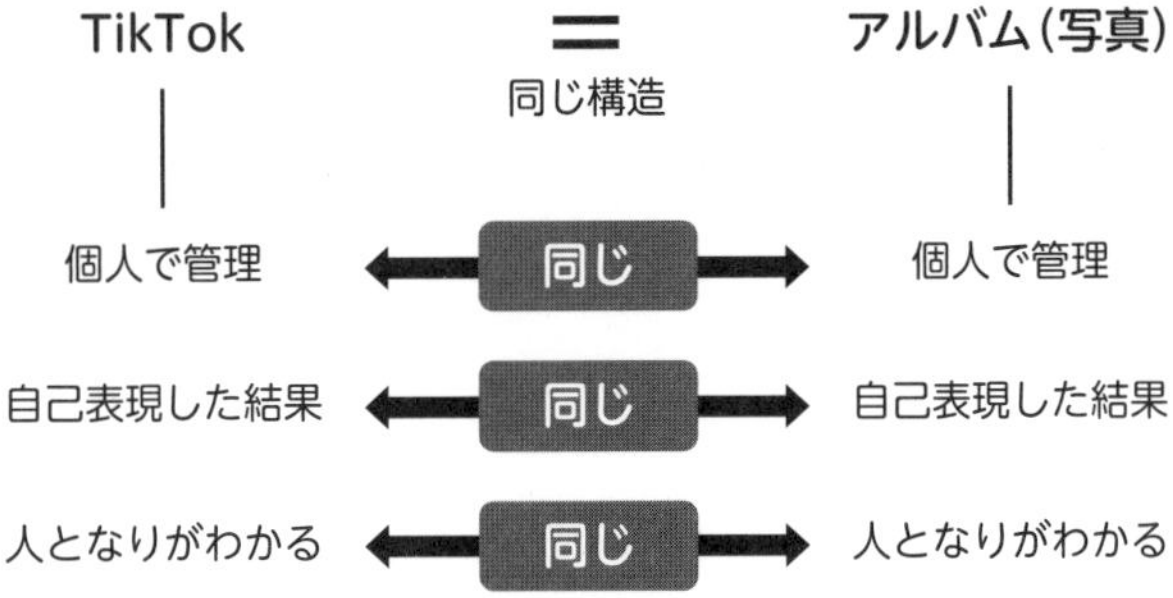
TikTok
=
同じ構造
アルバム(写真)
個人で管理
同じ
個人で管理
自己表現した結果
同じ
自己表現した結果
人となりがわかる
同じ
人となりがわかる

◉絵18

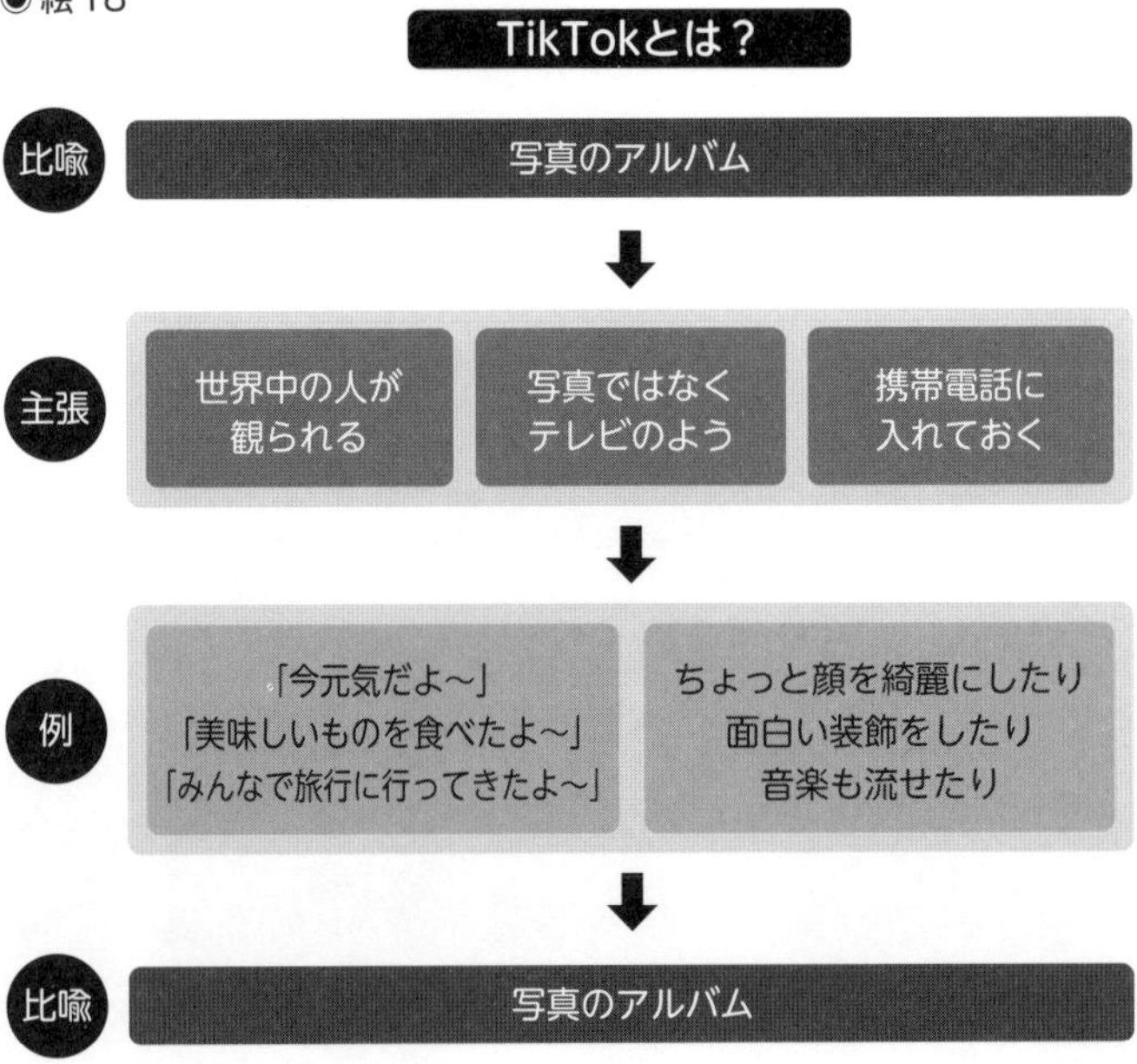
TikTokとは?
比喩
写真のアルバム
主張
世界中の人が観られる
写真ではなくテレビのよう
携帯電話に入れておく
例
「今元気だよ~」
「美味しいものを食べたよ~」
「みんなで旅行に行ってきたよ~」
ちょっと顔を綺麗にしたり
面白い装飾をしたり
音楽も流せたり
比喩
写真のアルバム

第3章でお伝えしたように、定石は「主張→例→比喩」の順序です。しかし、ここでは、とにかく感覚的につかめることを重視します。わからない話や知らない言葉が登場することで、それ以降の説明が成立しないことを危惧《きぐ》し、私は「比喩→主張→例→比喩」で説明することを試みました。

まずはTikTokと似た構造をしているもので、かつ90歳の方でも知っている（想像できる）ものを考えます。

私は「アルバム（写真）」としました。これを導入に位置づけ、TikTokと似たものを想起していただくようにします。

実際に説明する際には、冒頭で〝動くアルバム〟というキーワードを伝え、いまから始まる話は「アルバムみたいな何かのこと」であると、感覚的に理解してもらいます。

次に、理解してもらいたい主張、つまりTikTokとはどういうものかを説明するため、特徴を3つあげる構成にしました。

その後に、具体例で若者がどう楽しんでいるのかを2つの切り口で伝え、最後にもう一度「アルバム（写真）」の話を配置することで、要するに「眺めると、その人のことがよくわかる〝動くアルバム〟」であることを、感覚的に理解してもらいます。

比喩……まずはアルバム（写真）を想像してもらう
⬅
主張……いま若者が楽しんでいる〝動くアルバム〟の特徴を3つあげる
⬅
例……それが若者にとって楽しい理由を2つあげる
⬅
比喩……〝動くアルバム〟を感覚的に理解してもらう

なぜ、このエクササイズは難易度が高いかというと、専門用語を使わずに（相手の知らない）専門的なことを理解してもらう必要があるからです。

たとえば、数学という学問における微分や積分といったテーマは、専門的な内容であると言っていいでしょう。

微分や積分を、教科書に書かれている通りに、専門用語で教えるのは簡単です。でも、それでは多くの学生は理解できません。

だから、すぐれた数学講師は、いかに難しい言葉や専門用語を使わずに（相手の知らない）専門的なことを理解してもらうかを、徹底的に考え抜きます。

結果、微分や積分を専門用語は使わずに、噛み砕いてわかりやすく説明できます。

その違いは、本項の冒頭でご紹介したTikTokの一般的な説明と、私が考えた90歳の方に向けた説明の違いと、本質的には同じです。このエクササイズは、あなたにそのことをお伝えする意味もありました。

次はあなたの番です。学校や職場の仲間で「誰の考えた説明がいちばん優秀か」を、競うのもアリでしょう。私の説明よりずっと魅力的で伝わるものが誕生するはずです。

絶対の正解がない。だから説明という行為は面白い。

ぜひチャレンジしてみてください。

レベル5　「愛」ってなんですか？

【エクササイズ　レベル5】
「愛」とは何かを、中学生でもわかるように説明してください。

さっそくですが、私はこのように考えてみました。

愛とは何か。私なりの考えを述べます。3分ほどお時間をください。
ひとことで言うと、愛とは「人を救う気持ちの連鎖」です。連鎖とは、くさりのように連なっているもののことを指します。
まず、愛は大切にしている相手にだけ持つ特別な感情です。だから、家族や恋人やペットなどに愛を抱きます。じつは、この愛というものは、人間に苦しみをもたらします。具体的な例を3つあげます。

まず一つ目。あなたに好きな人がいたとします。もし失恋したら、悲しいですよね。好きであればあるほど、想いが募っていればいるほど、うまくいかなかったときは悲しいはずです。誰かを大切にする気持ちは、悲しみと表裏一体なのです。

二つ目。大切な家族を亡くすようなことがあったら、誰だって悲しいし、苦しいはずですよね。

それは、まったく知らない他人がお亡くなりになったときの苦しみに比べたら（このような比較は不謹慎かもしれませんが）、明らかに差があるはずです。なぜ、前者のほうが苦しいかというと、それだけ愛があるからです。

三つ目。オリンピックを目指すようなアスリートは、その競技を心から愛しています。その愛ゆえに過酷なトレーニングに耐え、誰よりも努力をします。そこには、おそらく素人には想像もできない苦しさがあるはずです。

このように、人間は愛があるから苦しみます。

愛と苦しみは「＝（イコール）」なのです。

しかし、それでも私は、この世には愛が存在したほうがいいと思っています。

その理由を説明します。

「愛＝苦しみ」です。ですから、もしあなたのそばで何かに苦しんでいる人がいたら、その人はきっと何かを愛している人、つまり何かを大切に思っている人です。

そういう人を、あなたはどう思いますか。

素敵だと思いませんか。力になりたいと思いませんか。助けてあげたいとは思いませんか。大切にしてあげたいとは思いませんか。

そうです。これもまた、愛です。なぜなら、愛は大切にしている相手にだけ持つ特別な感情だからです。

愛がある人↓苦しむ↓それを見て誰かが助けたいと思う↓その人もまた愛がある人↓その人もまた苦しむ↓それを見て、また別の誰かが助けたいと思う↓その人もまた愛がある人↓……

ある愛は別の愛を生み、こうして連鎖します。連鎖すれば、人が人を助けるという行為が増えます。だから、苦しさを伴うけれど、この世から決してなくしてはいけないものだと思います。愛とは「人を救う気持ちの連鎖」です。
あるテレビ局の24時間番組に「愛は地球を救う」とありますが、私はとてもしっくりきました。あなたはどう思いますか。

１００％中学生に伝わる説明かは保証できませんが、私の価値観は表現できていると思います。まずは冒頭で所要時間を伝え、３分ほど話を聞いてもらう「つもり」になってもらいます。本題に入ったら、すぐに結論をひとことで伝えます。
続いて、その結論の根拠を３つの塊に分けて説明します。

主張①「愛＝苦しみ」
⬅
主張②「それでも愛は絶対に必要なもの」
⬅
結　論「愛とは人を救う気持ちの連鎖である」

まず、主張①に対しては、3つの具体例をあげました。まさに「1‐1‐3」の説明です。続いて主張②については、愛が生み出すものが、いわゆる連鎖と同じ構造をしていることを説明します。まさに比喩を使った説明です。最後に、あらためて結論を提示し、3つの塊を矢印でつなげることで、論理的な説明を試みます（次ページの絵19参照）。

あなたは、このテーマを、中学生にどう説明するでしょうか。あなたの価値観を大切に、あなたらしい説明を自由に考えてください。相手は、もちろん中学生です。難しいことはわかりません。人生経験も少ないでしょう。純粋に「愛」ってなんなのか、よくわからないのです。

私の回答よりも、ずっと本質的で伝わる説明を、ぜひ考えてみてください。正解はありません。正解がないから楽しめる。つまり、面白いのです。

最後に、なぜこのテーマがレベル5のエクササイズなのか、少しだけ補足します。

前項（レベル4）のように、専門的な内容を、専門用語を使わずに説明することも難易度が高いですが、私はそれより難易度が高い説明があると思っています。

◉絵19

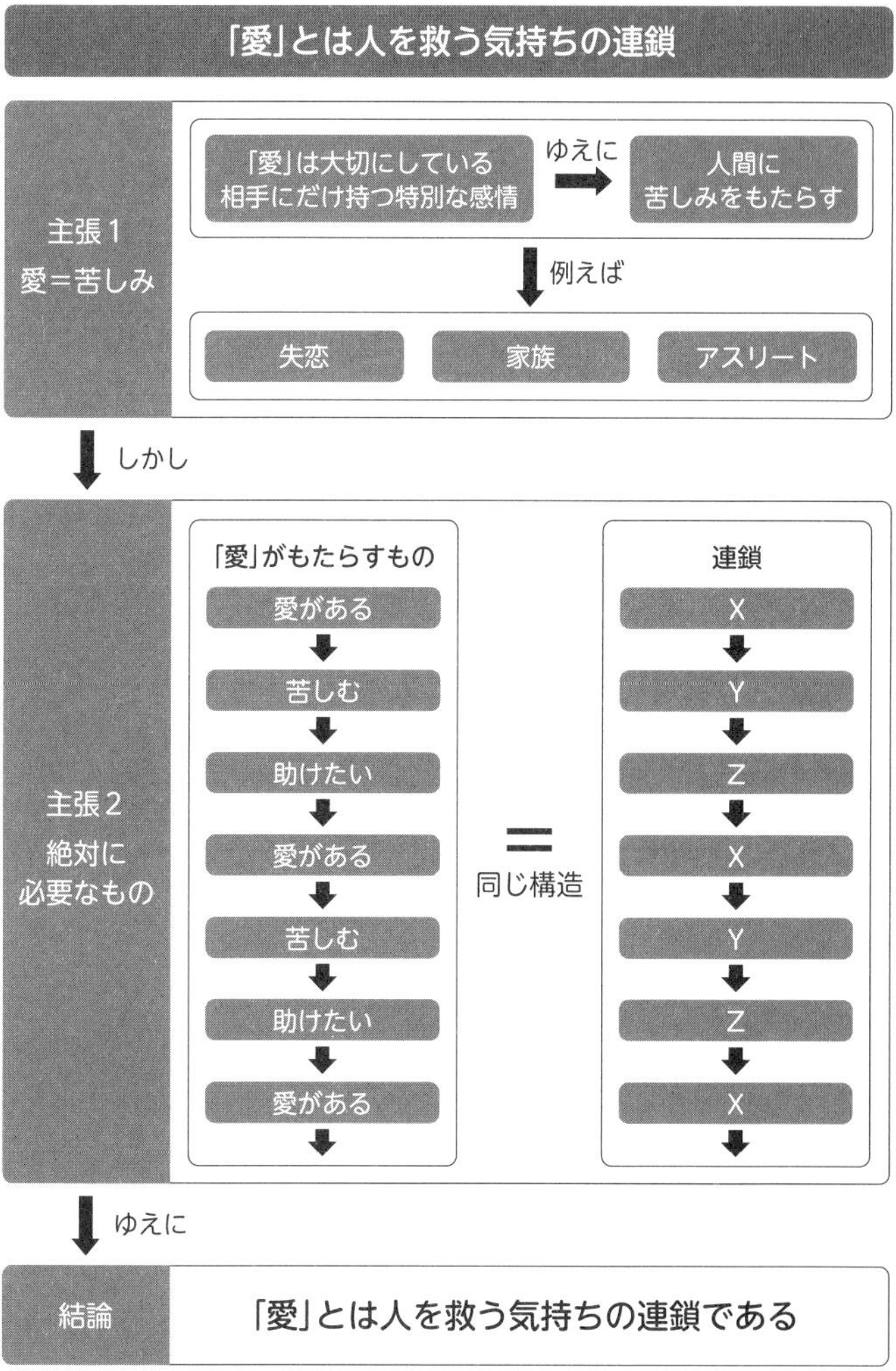
「愛」とは人を救う気持ちの連鎖
主張１
愛＝苦しみ
「愛」は大切にしている
相手にだけ持つ特別な感情
ゆえに
人間に
苦しみをもたらす
例えば
失恋
家族
アスリート
しかし
主張２
絶対に
必要なもの
「愛」がもたらすもの
愛がある
苦しむ
助けたい
愛がある
苦しむ
助けたい
愛がある
＝
同じ構造
連鎖
X
Y
Z
X
Y
Z
X
ゆえに
結論
「愛」とは人を救う気持ちの連鎖である

それは「子どもがする純粋な問い」に答えることです。**私たち大人が当たり前のように使っている言葉や概念ほど、じつは説明するのがとても難しいものです。**

いくつか例をあげましょう。


「お金ってなんですか?」

「絆ってなんですか?」

「空気を読むって、どういうことですか?」

「考えるって、何をすることですか?」

「がんばるって、何をすることですか?」

「なんで数学を勉強しなきゃいけないんですか?」

「なんで大人って、みんな疲れているんですか?」

「なんで塾と学校の両方に行かないといけないんですか?」

「なんで人を殺してはいけないんですか?」


説明するとなると、意外に言葉に詰まってしまうものばかりではないでしょうか。

あなたは、これらの純粋な問いに表面的な答えでお茶を濁すのではなく、中学生でも「わかった」と言ってもらえる説明ができるでしょうか。

子どもの「なんで？」に答えるクセをつけると、あなたの説明する能力は飛躍的に高まります。もし、身近にそんな子がいらっしゃったら、どうかその子の「なんで？」を大切にしてください。

宿題　本書の書評記事を書いてみてください

【宿題】
ぜひ本書の書評記事を書いてみてください。

つまり、本書を知らない人に向けて、本書の特徴や読みどころ（？）を、中学生でもわかるように説明するのです。私からの宿題だと思ってください。

もちろん、実践するかどうかは自由ですが、**少なくともこの宿題が本書で学んだことをいますぐに実践できるテーマだ**ということだけは間違いありません。

実践なさったなら、ぜひ知人や大切な人に、その内容を聞いてもらってください。どんな反応が返ってくるでしょうか。あなたと同じように理解してくれたでしょうか。その反応が、あなたがここまで本書を読んでくださった成果です。

そして、もしよろしければ、ご自身のブログや動画など何でもいいので、その内容を実際に世界に向けて発信してみてはどうでしょう。

もちろん、それは著者としてありがたく嬉しいことです。しかし、真意はほかにあります。極めて個人的な想いによるものです。

私は、この世から「そもそも説明するなんて自分にはムリ」と思って、その行為から逃げ続ける人をゼロにしたいのです。

人間は生きている限り、必ず誰かと関わります。誰かに何かを説明し、理解してもらう行為は、どうしても必要になります。このテーマから逃げ続けることは、決してその人を幸福にしないと思います。

本書の存在を知る人が少しでも増えることは、悩んでいる人の背中を押す機会が増えることにつながるかもしれません。

何かしら、書評記事を発信してくださった方は、ぜひ私にもその内容を共有してください。メールアドレスを記載しておきます。読んでくださった方が本書をどう理解し、どう説明してくれたのかを知れる。著者としてこれほど嬉しいことはありません。

必ずお礼のお返事を差し上げます。

【アドレス】info@bm-consulting.jp

終章

あなたの説明は、やさしいですか

説明なんて機械がやればいいじゃないか

ここまでお読みくださり、ありがとうございました。私があなたに伝えるべきことの99％は、第5章までで伝え切ることができました。

つまり最終章となる本章は、その残り1％の話をすることになります。小説でいえばエピローグやあとがき、映画でいえばエンドロールのようなものだと思っていただいて結構です。

ある日、このような言葉を耳にしました。

「もう説明なんて、ぜんぶ機械がやればいいんじゃないの？」

たしかに、世の中は便利になって、人間社会においても、機械がさまざまな説明をするようになりました。カーナビなどは、その典型でしょうか。

ほかには、さまざまな場所に設置されている自動券売機なども、その音声案内は機械がしています。あるいは、登山で利用するケーブルカーでは、周辺の風景や歴史を案内してくれる自動音声が流れます。

「お金を入れてください」
「暗証番号を押してください」
「電話番号を入力したら、その後に♯（シャープ）を押してください」
「画面上部のボタンを押し、そのままお待ちください」
「向かって左側に見えるのが、日本で最も美しいと言われている……」

機械はとても正確に、間違いない内容をきちんと説明してくれます。世の中は、これからもいろんなものが機械に置き換わって、ますます便利になっていく一方でしょう。いいことです。「もう説明なんて、ぜんぶ機械がやればいいんじゃないの？」という主張も、一理あると思います。

私は、ビジネス人教育の分野で講師という活動をしてきました。だから、このテーマには少しばかり思うところがあります。まるで「講師なんて人間じゃなくて機械がやればいいんじゃないの？」と言われているようで。何度も熟考しましたが、やはり私は説明という行為は、人間がする意味があるものだと思っています。

正しいかどうかではなく、やさしいかどうか

こんな実話があります。ある携帯電話ショップの若い店員が、年配のお客様に接客しているときのことです。

店　員「このプルダウンから選択してください」
お客様「プルダウンって、なんですか？」
店　員「あ、えーっと、これのことです」
お客様「私はどの指を使えばいいですかね？」
店　員「あー、どれでも大丈夫です」
お客様「……」

店　員「そしたらですね、いったんその画面を消してください」
お客様「？？」
店　員「あー、画面をスワイプしてくれればＯＫです」
お客様「スワイプって、なんですか？」
店　員「あ、だからえっと、こう……画面をシュッとやるんです」
お客様「なんだか難しくてわからないですねぇ」
店　員「……」

よくある出来事だと思います。この店員の説明は間違っていません。おそらくマニュアル通りに、しっかり説明をしているのでしょう。しかし同時に、とても機械的だなとも思います。

もし、これでちゃんと説明したといえるなら、まさに機械がやればいいでしょう。

しかし明らかに、このお客様は困っています。

こんな実話もあります。ある企業の管理職が、新人に向けて発した言葉です。

「こっちは忙しいし、わざわざ説明なんてしなくても、資料を見ればわかるから」

たしかに、資料は読めます。すべて正しいことが書かれているでしょう。しかし新人ですから、それを読んだだけでは理解できないこともたくさんあります。実際、この新人は困ってしまい、あとでこっそり職場の先輩に説明してもらいました。

携帯電話ショップの店員と企業の管理職。このふたりに共通するものは何だと思いますか。私の答えはこうです。

正しいけれど、やさしくない。

教えられたマニュアル通りに、ちゃんと説明しているのだから問題はありません。説明すべきことが、資料にすべて書かれているのであれば「読めばわかる」も、もちろんその通りです。

でも、説明する相手に対してやさしくない。そうは思いませんか。

AIよりも偉大なもの、それが愛

第5章において、90歳の人に向けた説明のエクササイズがあったことを思い出してください。私の説明する口調が、まるで小さい子どもに向けて語るかのようだったはずです。あの感覚とあの行為は、機械では難しいのではないでしょうか。

- **機械……正しいけれど、やさしい説明ができない**
- **人間……正しいかどうか以前に、やさしい説明ができる**

説明に「やさしさ」の要らない場面であれば、それは機械がやればいいでしょう。

しかし人間社会には、説明に「やさしさ」が必要なこともたくさんあります。

本書でお伝えしてきた数々のスキルの根底にあるのは、説明する相手へのやさしさです。やさしいから丁寧に中学生でもわかるように話せるし、やさしいから論理的にしようとするし、わざわざ比喩を用いて伝えようとするし、説明を聞く相手のプレッシャーやストレスを慮《おもんぱか》ることができるのです。

説明という行為の質は、あなたの相手へのやさしさの量で決まります。

もし、あなたが本気で、説明が上手な人になりたいと思うなら、どうか「正しいかどうか」ではなく「やさしいかどうか」を大切にできる人になってください。

私は指導現場で「ＡＩ＜愛」（エーアイよりも愛）という言葉を伝え続けています。ＡＩとは、人工知能のことだと思ってください。

人間の仕事が、高性能な機械に代替えされていく時代が来ます。しかし、人間にしかできない仕事は、決して代替えされません。私たちは人間ですから、高性能な機械と同じことをしてはいけません。

「ＡＩ＜愛」という考え方で、人間にしかできない説明をしたいものです。

「伝わらない悲しさ」と「理解できない悲しさ」

最後に。

人間には感情があります。だからもし、あなたが説明した内容が相手に伝わらなければ、あなたはきっと悲しいはずです。

・プレゼンで主張したことが上司に納得してもらえなかった
・採用面接で一生懸命アピールしたのに面接官には伝わっていなかった

こんな出来事は、できれば避けたいと思うものです。

一方で、あなたが説明する相手にも、感情があります。理解できない悲しさです。

・部下があのプレゼンで何を言いたかったのか理解できなかった
・一生懸命さは伝わるが、何をアピールしたかったのかがわからなかった

もしかしたら、あなたがする説明の相手は、その内容を理解したいと思って聞いてくれているかもしれません。

だとすると、あなたの説明を聞いても理解できなかったという事実は、その人にとっ

てとても悲しいことであり、これもまた、できれば避けたいと思うものです。

私のこのような価値観は、やはりこれまでの講師の活動からくるものでしょう。うまく授業や研修ができなかったときは、自分も悲しいけれど、その内容を理解しようと思ってわざわざ参加してくれた側の皆さんを、悲しい気持ちにさせるからです。


事後アンケートで「私はバカなので講義の内容が理解できず、講師の先生にも申し訳ないなと思いました」などと書かれたことがあります。

私はとても苦しい気持ちでいっぱいになりました。こんなことを書かせてしまう私が悪いのです。


このように、説明がうまくいかないという出来事は悲しみしか生みません。そんな出来事がこの世からなくなることを願って、私は本書を書きました。

そろそろお別れです。

あなたの人生が悲しさや切なさよりも楽しさや面白さに満ちたものになることを願って筆を置きます。ありがとうございました。

推薦図書

・『数学的思考トレーニング　問題解決力が飛躍的にアップする48問』（深沢真太郎／ＰＨＰビジネス新書）
・『「具体⇅抽象」トレーニング　思考力が飛躍的にアップする29問』（細谷功／ＰＨＰビジネス新書）
・『メタ思考トレーニング　発想力が飛躍的にアップする34問』（細谷功／ＰＨＰビジネス新書）

深沢真太郎（ふかさわ・しんたろう）

ビジネス数学教育家。数学的なビジネスパーソンを育成する「ビジネス数学」を提唱し、述べ1万人以上を指導してきた教育の第一人者。世界中の学校と企業で「ビジネス数学」が学べる世の中にすることを使命としている。日本大学大学院総合基礎科学研究科修了。理学修士（数学）。

予備校講師から外資系企業の管理職などを経てビジネス研修講師として独立。大手企業・プロ野球球団・トップアスリートなどの教育研修を手がけ、一部企業とはアドバイザリー契約を締結し人材開発のサポートを行っている。さらにSMBC・三菱UFJ・みずほ・早稲田大学・産業能率大学などと提携し講座を提供。2018年には「ビジネス数学インストラクター制度」を立ち上げ、指導者育成にも従事している。テレビ番組の監修やラジオ番組のニュースコメンテーターなどメディア出演も多数。著作は国内累計25万部超。実用書のほか作家として小説も発表しており、多くのビジネスパーソンに読まれている。

BMコンサルティング株式会社 代表取締役／一般社団法人日本ビジネス数学協会 代表理事
国内初のビジネス数学検定1級AAA認定者／国内唯一のビジネス数学エグゼクティブインストラクター

★ビジネス数学.com ～深沢真太郎オフィシャルウェブサイト～
https://www.business-mathematics.com/

■装丁　大場君人

ビジネス数学《すうがく》の第一人者《だいいちにんしゃ》が教《おし》える
史上最高《しじょうさいこう》にわかりやすい説明術《せつめいじゅつ》

発行日　2021年11月15日　第1版第1刷

著　者　深沢《ふかさわ》　真太郎《しんたろう》

発行者　斉藤　和邦
発行所　株式会社　秀和システム
〒135-0016
東京都江東区東陽2-4-2　新宮ビル2F
Tel 03-6264-3105（販売） Fax 03-6264-3094
印刷所　日経印刷株式会社　Printed in Japan

ISBN978-4-7980-6352-2 C0030

定価はカバーに表示してあります。

乱丁本・落丁本はお取りかえいたします。

本書に関するご質問については、ご質問の内容と住所、氏名、電話番号を明記のうえ、当社編集部宛FAXまたは書面にてお送りください。お電話によるご質問は受け付けておりませんのであらかじめご了承ください。